THINKING

CROWDFUNDING

众筹思维

打造中小企业产融新模式

大卫华 · 主编

中国财富出版社

图书在版编目（CIP）数据

众筹思维：打造中小企业产融新模式／大卫华主编．—北京：中国财富出版社，2015.8

ISBN 978－7－5047－5710－4

Ⅰ.①众…　Ⅱ.①大…　Ⅲ.①中小企业—融资模式—研究—中国
Ⅳ.①F279.243

中国版本图书馆 CIP 数据核字（2015）第 100470 号

策划编辑 宋　宇　　**责任编辑** 宋宪玲
责任印制 何崇杭　　**责任校对** 饶莉莉　　**责任发行** 敬　东

出版发行 中国财富出版社
社　　址 北京市丰台区南四环西路 188 号 5 区 20 楼　　**邮政编码** 100070
电　　话 010－52227568（发行部）　　010－52227588 转 307（总编室）
010－68589540（读者服务部）　　010－52227588 转 305（质检部）
网　　址 http://www.cfpress.com.cn
经　　销 新华书店
印　　刷 北京京都六环印刷厂
书　　号 ISBN 978－7－5047－5710－4/F·2390
开　　本 710mm×1000mm　1/16　　**版　　次** 2015 年 8 月第 1 版
印　　张 10　　**印　　次** 2015 年 8 月第 1 次印刷
字　　数 134 千字　　**定　　价** 32.00 元

编　委　会

一只母鸡的众筹思维

从一只母鸡的众筹思维开始，新的商业模式在不断改变资本结构和产业金融结构。从市场经济到资本经济的转变，新的时代来临了！

一只母鸡的众筹思维完全颠覆了传统产业链，将传统产业链烦琐复杂的链条结构转化成为五位一体的轻资产链接运作方式，将原来供大于求的产业结构转化成刚性计划产融投资的商业体系。一个杠杆出现了，那就是思维！

在以往的市场经济结构中，产业和金融资本是“债权型”关系，而在产融新模式的时代，产业和金融资本之间的关系是“股权型”关系。传统的市场经济靠天吃饭，新的产融商业是将人、钱、资源和销售一并聚集起来，占有股份并获得相应回报。当产品和项目未正式面世时，已经解决了整个产业链各环节的问题，真正实现了专业人做专业事的闭环链条，生产环节的强项就是生产，不要介入销售；销售环节的强项就是销售，不要介入生产。这一模式可以使市场活跃，企业高速成长，经济可持续发展。

因此，新时代的企业问题不是如何优化产品、如何考虑营销的问题，而是，如何从头开始彻底地调整企业或项目的运营思维。

“万众创业、全民创新”的政策号召必将转换一大批企业和项目的运营思维，所有的商业逻辑和模式在未来 5 年必将摧毁重建，我们必须从零开始。时尚水杯，125 万元！街边烤串小摊，187 万元！婴儿配奶机，324 万元！空气净化器，1204 万元！这些，是一个个项目在短短一个月内交出的众筹答卷。从以 B2B/B2C/O2O 为核心的消费互联时代到

C2B 产融互联时代新模式的发展，已经在快速改变社会消费方式、人人连接方式、产业经营方式和现代生活方式。这些都是思维转换带来的创新，带来的不可想象。

一只母鸡的众筹思维构建了一个新的思维模式——产融众筹模式，它是在“互联网 +”时代依靠众人筹之的模式，本着建立利益共同体的原则，通过现有产业、项目、商品资源建立众人筹之的平台生态圈、平台族群，吸纳合伙人，建立产业蓝图新天地。

每一次产业的革命都从令人惊奇的思维开始，而每一个令人惊奇的思维最终都需要一批脚踏实地来实现的人。在互联网发达的今天，我们只要想到，就要去做，用快取胜。用一只母鸡的众筹思维去实现你的梦想吧！

胡军

2015 年 5 月 15 日于杭州

（胡军，著名投资人）

众筹缔造中国经济新业态

马克思曾经说过：“股份公司是人类历史上最伟大的发明。”而众筹可能是人类历史上第二伟大的发明。伴随着人类科技进步和互联网技术的兴起，在新的时代背景下，以互联网股权众筹为代表的众筹模式，正在引领着一场改变全球经济业态方兴未艾的变革。

有人预言，10 年之内，中国将成为全世界最大的众筹市场，它将为中国经济体制转型升级提供新的动力，甚至改变人们生活的方方面面，这是一个黄金时代，而我们有幸成为这个时代的见证者、推动者。

众筹搭建创业平台

2011 年 11 月，我无意中看到美国的众筹平台，让我十分振奋的是，它将会是超越纳斯达克的下一代新型的互联网交易所。当时美国的众筹平台已经完成了 10 万个企业的挂牌，这是很不可思议的。两年前，有人问我为什么做股权众筹这件事情，当时大家连“众筹”是什么都不知道，我的初心是因为看到身边很多人创业却很难获得资金。这个平台要做的事情就是，用最直接的方式帮助这些小微企业、年轻创业者融到钱，给年轻人一个平台和机会去获得企业家、企业中层、高管、投资人的资金，更重要的是，还可以跟这些在某个领域取得成功的有经验的人士交朋友，获得有益于企业发展的经营经验及客户资源。

举个简单的例子，2013 年，我们用股权众筹帮助了一个清华 3D 打印机团队。世界上第一台 3D 打印机被研发出来用了一年时间，但这个团队只用了一周时间就研发出他们自己的 3D 打印机。但在商业变现上，他们束手无策。接触天使街之后，我们的平台只用了7天时间就为他们寻找到三个专业投资机构和一位企业家，募集了200万元资金。甚至还有企业家说，愿意免费做他们的顾问，帮助他们搭建运营、销售团队。很快，这个团队在中国英特尔智能硬件大赛中闯入五强，代表中国参加全球的智能硬件大赛。

众筹核变中国经济

经常有人问我，股权众筹为什么发展得这么快？我们看到，从2014年11月，国务院总理李克强在国务院常务会议上首次提出“建立资本市场小额再融资快速机制，开展股权众筹融资试点”；两个月后，李克强总理再次主持召开国务院常务会议，表示要“完善互联网股权众筹融资机制，培育发展天使投资”；2015年3月，“开展股权众筹融资试点”被写入全国两会政府工作报告，只用了4个月时间，股权众筹就上升到了国家经济工作层面的高度。

我认为主要原因有两个：一是站在风口上，时机很好。为什么总理会提到股权众筹？因为它的几个要素是联系在一起的：互联网、金融、草根参与、创业、创新。当这五个要素集合在一起时，就让中国新经济的发展产生了核变。二是用户思维。股权众筹真正打破了项目方跟投资人之间的不对称，在用户思维里，包括大数据和社交网络的关系，所有投资人、众筹人、企业家组成了一个社群，这是前所未有的突变。

可以预见在不久的未来，众筹将改写中国经济的业态，成为一种颠覆性的新模式。

大卫华先生的投资管理经验十分丰富，对众筹有着深入的研究和丰富的实践经验。他的《众筹思维：打造中小企业产融新模式》一书，详细讲述了众筹的前世今生以及未来的发展趋势。书中对于众筹案例的剖析视角独到、生动翔实、充满启发，相信读者读完之后能够形成自我的众筹观，形成自我的众筹思维，并由此受益。也祝愿此书给大卫华先生带来更多的好运！

黄超达

2015 年 7 月 31 日

从“众”字说众筹

中国的汉字很有意思，极具哲理，颇富味道。当一个人踽踽独行、浪迹江湖时，即为孤零零的一个“人”字；当两个人或前后，或左右相处，如影随形时，就有了先后、主次、顺序，即为“从”字；当三个人同出同入、友好合作时，就成了“众”字。

“众”字很有讲究，由三个人构成，上边的那个“人”是长官、头头、领导，下边的那两个“人”就是随从、跟班、群众，也就是说三人以上即是一个集体、一支团队、一种结构，由此衍生出家庭、单位、社会、国家乃至世界。

由资深职业经理人、上海宝虞投资管理首席咨询师大卫华先生撰写的《众筹思维：打造中小企业产融新模式》一书，正是在互联网全新社交时代，筹人之才，筹新渠道，筹大智慧，筹未来，筹圈子，筹资源，筹跨界，以集众家之长，聚天下之财，成一方事业，此谓众筹。我认为，该书是一本应人而需、应时而生、因缘而得的点金宝典，值得一看，值得细读，值得分享，值得琢磨。

在新媒体、大数据、云计算的新常态下，我们每个人都应在新常态下有新状态，在新状态下有新心态，在新心态下有新业态，在新业态下有新势态。

如此，则风生水起；如斯，则潮涨潮落；如是，则纵横捭阖。

姚骏骊

2015 年 5 月 27 日于西安

众筹成为逆袭重要平台

当投资者在为一个产品能否获得市场而苦恼，

当企业为研发一个新项目而不清楚市场前景而迷茫，

当中小企业为企业资金而困惑，

当人们对投资股票保值和还是投资房产保值争论不休之际，一个叫“众筹”的新词悄然进入人们的视野，犹如一夜春风，众筹瞬间火爆，成为新宠。

那么，什么是众筹？站在“互联网+”时代的你，恐怕必须了解一下！

2014年可谓是中国众筹的元年，众筹属于舶来品，翻译自英文crowdfunding一词，即大众筹资，是指一种向群众募资，以支持发起的个人或组织的行为，由发起人、跟投人和平台构成，具有低门槛、多样性、依靠大众力量、注重创意的特征。

一般来说，众筹是通过互联网平台联结起投资者和发起者。群众募资被用来支持各种活动，包含灾害重建、民间记者、书籍出版、竞选活动、创业募资、项目（产品）募资、艺术创作、设计发明、公益事业以及公共专案等。

众筹平台并不陌生，只要在百度搜索引擎里输入“众筹”，便会发现有不少已成气候的网站已经开始在做专业的众筹平台，如百度众筹、人人投、追梦网、京东众筹、微创投、微投网、淘宝众筹等。

众筹一般通过互联网方式发布筹款项目并募集资金，目前主要分为四类：奖励众筹、债权众筹、捐赠众筹和股权众筹。相对于传统的融资方式，众筹更为开放，能否获得资金也不再是由项目的商业价值作为唯一标准。众筹的方向具有多样性，国内众筹网站上的项目类别包括设计、科技、音乐、影视、食品、漫画、出版、游戏、摄影等。只要是网友喜欢的项目，都可以通过众筹方式获得项目启动的第一笔资金或者预先建立一个购买圈，为更多小本经营或创作的人提供无限的可能，因此众筹也被称为“短穷矬逆袭成功”的重要平台，吸引着许多正在创业的年轻人的目光。

本书所倡导的产融众筹模式是站在中小资本的角度阐述众筹的概念，产融众筹模式不仅仅局限于互联网平台，它还可以更深层地运用圈层概念解决中小资本的财商问题。先从一个模拟的案例开始：

假设现有项目是：1 只母鸡；

市场规则是：1 只母鸡可租到 10 只母鸡，1 只母鸡价值 100 个鸡蛋；

项目目标是：用最短的时间实现每天可以产 1000 个鸡蛋的产量。

传统的投资思维将会变成：

母鸡—鸡蛋—小鸡—母鸡—下蛋—卖蛋—获利（达到预期产量）

因此就会产生以下风险：

1. 不是母鸡是公鸡；

2. 长大后发现母鸡不生蛋；

3. 禽流感到来，被迫全部杀光；

4. 鸡蛋过多，卖不掉。

如果运用产融众筹模式，那就好办了：

找到 100 个对鸡蛋有刚性需求的客户，预收到 10 万个鸡蛋的钱（每个客户一次性给 1000 个鸡蛋的钱，一年能享受 2000 个鸡蛋）；然后用预收的 10 万个鸡蛋的钱，买回 1000 只会下蛋的有机鸡，每天就能达到1000个鸡蛋的产量，还解决了鸡蛋的销售问题。风险是：假设找不到买鸡的钱，那么根本就不会有投资行动，所以叫零风险。产融众筹的回报是：

成本：1000只鸡每天所产生的成本——100个人，每人5~6个鸡蛋，共500~600个鸡蛋；

产能：1000只鸡每天所产出的1000个蛋；

回报：毛利400~500个蛋；

经营：100个吃鸡蛋的人会议论鸡蛋的好坏，会在亲戚圈、朋友圈推荐。

通过以上案例，我们可以发现众筹的确是一个能实现逆袭的大平台，在“互联网+”的时代，玩转众筹，实现梦想。不过，还要提醒广大投资人，“众筹有风险，投资需谨慎”。虽说在众筹项目进行筹资后若未达到预期目标，则会取消项目执行，返还投资者们的钱；但是，依然存在不少商家为了圈钱把项目包装得很完美，迷乱投资者的眼，等筹资成功之后就消失不见。更有众筹容易经营难的现象，很多众筹项目都未考虑未来的运营团队和管理方式，导致众筹失败。所以，对于众筹这种新的投资模式，在各方规则和相关法律都不完善的情况下，投资者在选择平台及项目的时候一定要事先了解清楚。

希望本书能让更多的人认识众筹，了解众筹，玩转众筹！借“互联网+”的东风让更多人实现梦想，让更多的中小企业实现梦想，让更多的中小资本实现梦想。

大卫华

2015年3月

目　录

第一章

众筹：“互联网＋”时代的必然产物

很多人不理解什么是众筹，原因在于它是一个新事物，其实它很简单。众筹是由发起人、跟投人和平台构成，具有低门槛、多样性、依靠大众力量、注重创意的特征，是指一种向群众募资，以支持发起的个人或组织的行为。一般而言，众筹是通过网络上的平台联结起赞助者与提案者。群众募资被用来支持各种活动，包含灾害重建、民间记者、书籍出版、竞选活动、创业募资、项目（产品）募资、艺术创作、设计发明、公益事业以及公共专案等。

第一节　众筹是什么

通俗地说，"众筹"就是聚众人之力量、智慧及资金来完成某个项目。譬如，在淘梦网，独立电影人可通过图片、视频、文字等形式，把电影拍摄的计划或剧本的内容，甚至只是一个电影想法发布到网站上，并预估拍摄所需要的目标资金、筹款天数及对支持者的回报。如果浏览淘梦网的网友对这个电影项目感兴趣，并愿意用资金来支持，那么当项目在筹款天数内筹集到了目标资金时，这位独立电影人就完成了一次成功的众筹。

1. 众筹是大众筹资

众筹其实是一个新概念，翻译自英文 crowdfunding 一词，即大众筹资的意思。众筹由发起人、支持者和平台构成。发起人，即有创造能力但缺乏资金的人；支持者，即对筹资者的故事和回报感兴趣、有能力支持的人；平台，即连接发起人和支持者的互联网终端。

一般而言，众筹项目通过网络上的平台联结起项目发起者和赞助者。群众募资被用来支持各种活动，包含灾害重建、民间记者、书籍出版、竞选活动、创业募资、项目（产品）募资、艺术创作、设计发明、公益事业以及公共专案等。

众筹项目多通过互联网发布筹款项目并募集资金，相对于传统的融资方式，众筹更为开放，只要是大家喜欢的项目，都可以通过众筹这种方式获得项目的启动资金，为更多中小资本经营或创作的人提供了无限可能。

下面我们来看一个成功众筹的案例。

中国众筹第一人朱江能够成为第一个吃螃蟹的人，实际是被逼的。

创业之前，朱江曾在喜之郎、九城、百度、爱奇艺等公司工作过，积累了不少人脉和经验。但是当他要创立一家媒体公司美微传媒时，为了找寻资金，半年内他见了150位投资人，但投资人几乎众口一词——美微传媒是一家轻资产的公司，风险太大，不投。这里说的轻资产，其实是文化传媒类公司的特点，其依靠人力资源的技术和创新，没有多少固定资产。

拉风险投资无望，朱江又转向了天使资金，他认识一帮土豪朋友，但由于要投资的是风险极大的项目，许多土豪并没有投资。看来，哥们义气也帮不上忙了，创业融资靠熟人是没戏的，熟人到时候也不一定给钱。

2013年，美微传媒发起社会化融资，也就是众筹，在1个月的时间内，总共吸引1194位投资者和11个机构参与，融资金额540万元，以新思路为创业者开创了社会化融资新渠道。

这就是国内第一个做股权众筹的案例，美微通过淘宝卖股权，通过众筹，获得1194个众筹的股东，目前占到美微传媒股份的25%，目前整体融资500万元。最开始，美微通过众筹获得384万元的启动资金，后来，筹建广州的演播厅，又在老股东当中募资了一次，并且24小时之内成功募集。

这就是朱江在淘宝网众筹融资的故事，其中包含了几个核心信息。

首先，在美微传媒的股份结构中，朱江及创始团队拥有足够的说话权。朱江占55%的股份；创始团队占10%的股份。1位投资人通过"现金+金融担保公司"入股500万元；1位投资者以品牌资源入股；有1170位众筹投资者通过法人代表协议代持股份；21位投资者人均投资金额超过10万元以上，通过众筹入股，成为实名股东；1位股东是公司的天使投资人，是法人代表。

其次，朱江以他的人格魅力，让这1194名投资者变成了美微传媒的铁杆粉丝，都变成了美微传媒的传播者。大家都将美微传媒的事当作自己的事，这就是众筹的魅力之所在，将小股东变成公司的铁杆粉丝，省去了很多实际运营的推广成本。

然后，股权众筹虽然取得了成功，但是重点在于募资后，针对投资人的管理。这些投资人需要知道自己所投资的公司运营情况，如果了解的频次过少，难以全面了解公司的情况；但频次过高，又有介入公司运营之嫌。

最后，美微传媒的成功带有很大的偶然性，并不是说美微传媒成功了，同样的公司搞众筹一定能成功。一次众筹项目的成功，需要找到好的律师、合适的股东、成熟的运营管理团队，越来越多的个案需要众筹平台的帮忙。

当下，股权众筹对于很多创业型企业来说是最大的一次机会，但股权众筹的企业由于参与的人数比较多，管理股东的难度也将加大。对于创业型的企业，可以多考虑通过并购基金、信托计划等进行其他形式的融资。

2. 众筹的特征

现代众筹具有以下特征：

（1）低门槛

无论什么样的地位、身份、年龄、职业、性别，只要有想法、有创造能力都可以发起项目。

（2）多样性

众筹项目的方向具有多样性，项目类别不限于设计、电子、科技、游戏、食品、漫画、出版、音乐、影视、摄影等。

（3）依靠大众力量

支持众筹项目并出资者通常是普通的草根民众，而非公司、企业或是风险投资人。

（4）注重创意

众筹项目发起人必须先将自己的创意（策划案、设计图、成品等）达到可展示的程度，才能通过众筹平台的审核，而不单单是一个概念或者一个点子，要具有可操作性。

3. 众筹的规则

众筹项目作为一种商业行为，必有它的运行规则。

首先，筹资项目必须在发起人预设的时间内达到或超过目标金额才算成功。

其次，众筹项目在设定时间内，达到或超过目标金额，项目即成功，发起人可获得资金；筹资项目完成后，支持者将得到发起人预先承诺的回报，回报方式可以是实物，也可以是服务，如果项目筹资失败，那么已获资金将全部退还支持者。

最后，众筹不是捐款，支持者的所有支持一定要设有相应的回报。

4. 众筹成功的关键

下面是众筹项目成功的关键点：

（1）筹集天数恰到好处

众筹的筹集天数应该长到足以形成声势，又短到给未来的支持者带来信心。一般来说，筹资天数为30天的项目最容易成功。

（2）众筹的目标金额合乎情理

目标金额的设置要遵循一定的规则，需要将生产、制造、劳务、包装和物流运输成本考虑在内，然后结合本身的项目设置一个合乎情理的目标。

（3）支持者的回报设置要合理

对支持者的回报要尽可能地价值最大化，并与项目成品或者衍生品相配，而且应该有3～5项不同的回报形式供支持者选择。

（4）众筹项目的包装

根据已有的项目统计，有视频的项目比没有视频的项目多筹得114%的资金。而在国内的项目发起人，大多不具有包装项目能力。

（5）定期更新信息

定期进行信息更新，以让支持者进一步参与项目，并鼓励他们向其他潜在支持者提及你的项目。

（6）鸣谢支持者

感谢支持者不必局限于形式，可以发送电子邮件给支持者表示感谢，或者在你的个人页面中公开答谢他们，目的是让支持者有被重视的感觉，增加参与的乐趣，这点也常常被国内众筹项目的发起人所忽视。比如，某图书的众筹出版，对支持者的鸣谢就运用了私人定制书籍封面序言的方法，结果大受欢迎！

第二节 众筹的古往今来

1. 自古以来的众筹方式

众筹虽然是一个新概念，但是用众筹的方式来筹资却是自古有之。

早在原始社会，生产力水平很低，生产工具极为低下，人们不得不采取众人围猎的方式来狩猎。当然，那时候还没有“众筹”的名词，却有众筹的实质。猎物即是项目，发起者就是带头捕猎的人，众人就是参与众筹的人。

这与当下的众筹比起来，区别在于人们出的不是金钱，而是力气与高危风险的行动，狩猎成功则人人可以分食享用以果腹，狩猎不成功则有参与者丧命的可能。

同样，那个年代没有货币的概念，也没有流通的金钱，那是一个“以物易物”的时代，人们的价值观还局限于物与物之间的交换，这才是有价值的事情。人们众筹来的猎物如果吃不完，就可以拿出部分食物与外人交换另一种食物。因此，众筹诞生之初的目的非常简单，就是为了满足人类本能的需要。

在中国古代农耕社会时代就出现了众筹的雏形。在最早的农耕时代，由于生产力低下，农户每家出 1 头牲口与其他邻居拼成 3 头一组用于耕地。这 3 户人家之间共同众筹了一个中心化"牲口组"。他们每一家都是利益均等的，另外他们又要参与"牲口组"的使用，并且他们的技术十分娴熟。

通过这种组合形成了现代众筹的四大特点：第一，社交（邻居关系，相互了解）；第二，去中心化（每家 1 头牲口，都有平均调配使用权）；第三，参与感（都会娴熟地使用牲口耕种）；第四，内生需求（都需要种地，又无法依靠自己的能力完成）。

综上所述，众筹并非什么新概念，而是很早就存在的一种商业模式。

随着时代的发展，人类进入了奴隶制社会。在这个君主高度集权的社会体制下，君主的一个念头足以决定一个人的生死。尽管生产力及生产技术进步了，人们却没有了平等交易的权利。这个时候，社会开始分化，出现了统治阶级，统治阶级成了众筹的发起人，他们成了众筹游戏的主宰者，王公大臣们成了坐享其成的人。比如，君主下命令，全民去修筑金字塔，便会有成千上万的奴隶参与其中并丧失生命，最终，修好的金字塔不是全民使用，而是成为帝王的墓穴。

在奴隶社会，奴隶甚至比不上一头健硕的牲口，他们没有任何的话语权，性命更是连草菅都不如。虽然奴隶社会很多大型的建筑项目在今天看来都是不可能存在的奇迹，甚至有人认为诸如金字塔之类的建筑是外星人参与修建的项目，但这就是众筹的力量，即便真有外星人参与其中，那也是众筹。

当痛苦的奴隶从万恶的奴隶主的统治里挣脱出来，却被另外一个阶级的缰绳给套住了，那就是封建社会的地主阶级。这时候的奴隶已经改叫农民了。

中国封建社会始于春秋战国时期，终于辛亥革命运动，在这 2000 多年的历史发展历程中，众筹已经被发挥得淋漓尽致。君王们大手一挥就可以决定的项目不计其数，君王们的强项就是向老百姓发号施令。

项目要有人做才行，还要有人牵头，然后召集合适的人来众筹。然而国人的智慧不在于研究如何一起做项目，更多的在于考虑如何“用人做事”，当朝的官吏们则会钻研权宜之学，《三十六计》的诞生本用于军事，后来却被奉为官场经典，“官人”们都在深研如何避重就轻，让别人去完成几乎不能完成的众筹项目。

从这时开始，众筹演变为“君主发号施令，下面众人参与”的方式，项目可能是钱财、粮食的众筹，比如，对全国百姓征收各种苛捐杂税，搜刮民脂民膏；也可能是人力资源的众筹，比如，为了抵御外敌，巩固皇权，召集大众修筑万里长城；更有可能是对五湖四海美女的众筹，为帝王之淫欲，到处举行选美，为后宫佳丽三千的项目服务；有的项目，如京杭大运河，则是为了满足隋炀帝下江南的一己私欲，倒是运河对后世产生了不可估量的作用，运河经济带的价值是巨大的。

从奴隶社会到封建社会这漫长的时期，众筹就没有公平的说法了，包括依然存在剥削的资本主义制度，所有的众筹都是为统治阶级服务的。进入社会主义，社会组织结构发生了翻天覆地的变化，生产力及生产工具产生了巨大的飞跃，生产关系也有了比较大的变化。

新中国成立之后的前 30 年，社会主义制度在中国确立，社会的发展处于摸索阶段，像全民公社制、“大跃进”运动、“大炼钢铁”，这些都是众筹的典型。20 世纪 80 年代以后，中国搞土地承包责任制，承包到户的生产方式极大地调动了劳动人民的积极性，提高了粮食产量。由于我国社会主义初级阶段，当时社会化大生产才刚刚起步，工业不够发达，粮食产量仅能解决人民的温饱问题，这一时期，每村每户农民都要上交公粮与集资，这实质上也是众筹。众筹解决了13亿中国人的温饱问题，养活了世界1/6的人口，这就是众筹的力量。

总之，人类自诞生以来，一直是群居的，用马克思的话说，人都是社会化的。社会就是一个大江湖，有人的地方就有江湖，有江湖的地方就有利益，有利益的地方就有合作，有合作就有众筹，所有的众筹都是为了共同利益。

因此，少至三五个人，多到全体劳苦大众，能够组织起来，共同做一件事，就是一种众筹，众筹的目的是为了得到完成某个项目之后的利益，这意味着没有利益的项目基本上无法做众筹。

2. 众筹公司在1602年

尽管早在1600年，英国人成立了全球第一个"东印度"公司，但真正用众筹方式缔造现代企业制度和现代金融制度的桂冠，却要戴在荷兰人的头上。

17世纪，必定属于冒险家的天堂，那是一个波澜壮阔的大航海时代，由政府这个最高权力机构许可的商业公司远渡重洋，蜂拥而至，寻找传说中的东方神秘大陆的诱人宝藏。

1602年，这股夹杂着探索、冒险、征服、贪婪的浪潮快速席卷荷兰，天性热爱贸易的荷兰人对英国模式立刻进行了拷贝和创新。他们将英国人"私募"组建公司的方式完全变成"众筹"，由对特定人群的募资转向对社会大众募资，成立了世界上第一个股份有限公司。这是具有划时代意义的一次创举，是众筹对社会大众资本一次里程碑式的解放，从此贩夫走卒也有了参与公司投资的机会，使得今天我们倡导的“普惠金融”在400多年前就得以实践。

据说，荷兰东印度公司刚成立的时候，贵族范儿十足的西班牙和葡萄牙人根本瞧不上，非常鄙夷地觉得荷兰人太胡闹，居然找了1000多阿姆斯特丹卖菜大妈、烤面包大叔之类做股东，简直就是他们标榜的“高端、大气、上档次”的反面典型！

可是事实胜于雄辩，荷兰人这种面向大众的筹资方式，为急需建造大船航行的荷兰东印度公司从普通百姓那里筹集到相当于现在300万欧元的资本，股东中，不仅有普通人，还有荷兰政府（当时荷兰政府以权力作价25000荷兰盾入股）。

这家带着浓厚草根味道的公司于1602年3月20日正式成立，简称VOC，中文翻译为联合东印度公司，就像它的“东印度”系列公司的全球兄弟一样，虽然是公司，但它却掌握着现代公司不可想象的政府职能，不但可以开展远洋贸易，还可以自己组织军队，甚至发行货币，最为重要的是，它还进行海外殖民掠夺。

当时，我国正处于大明王朝统治之下，著名爱国将领郑成功为了捍卫了民族的尊严，在澎湖列岛和中国台湾岛上击退了荷兰人的入侵，荷兰人实际就是这些公司制的殖民者。

荷兰这家东印度公司在成立之后的五年时间里，公司的规模逐渐超过了葡萄牙和西班牙海上舰队的总和，成为风头强劲的后起之秀。到1669年时，荷兰东印度公司已是世界上最富有的私人公司，拥有超过150艘商船、40艘战舰、5万名员工与1万名佣兵，股息高达40%。

当然，在这些“傲视群雄”的成绩背后，却是强盗式的掠夺和殖民，1619年，荷兰东印度公司新一任首席执行官科恩到达巴达维亚建立了公司新的总部，为了建立对丁香贸易的垄断，他将班达群岛上的原住居民杀死或赶走。科恩第二次成功的冒险是建立起了亚洲国家贸易体系，将其贸易足迹延伸到日本、朝鲜、中国等国。

1640年，荷兰东印度公司获得了斯里兰卡的加勒，其赶走了葡萄牙人，从而打破了葡萄牙人对肉桂贸易的垄断。1658年，荷兰东印度公司围攻斯里兰卡首都科伦坡。到了1659年，葡萄牙人在印度的沿岸据点都被荷兰人夺走了。此外，荷兰东印度公司还在波斯、孟加拉、马六甲、暹罗（泰国）、中国大陆（广东）、中国台湾、印度马拉巴海岸和科罗曼德海岸建立据点。

尽管这段历史沾满了血腥，但就经济意义来说，这却是荷兰人取得的巨大进步和成功。在17世纪中叶，荷兰东印度公司全球分支机构有上万个，占据全球贸易总额的一半，可以说是"霸气十足"。

最具有历史意义的一点是，众人参与的众筹行为缔造的荷兰东印度公司成为了历史上第一家上市公司。伴随这家股份公司出现，荷兰成立了有史以来的第一家证券交易所——荷兰阿姆斯特丹证券交易所，交易唯一的一只股票，当然就是荷兰东印度公司的股票。

所以说，荷兰人发明的众筹公司，缔造了现代化的公司制度，完全解放了民间资本，使得普通民众分散的小额财富得以资本化，虽不幸成为帝国扩张的工具，但在客观上的确顺手搭建了现代金融生态体系。

更为有趣的是，正是这一由众筹建立的公司远洋冒险走错路，跑到了当时还是一片荒芜的曼哈顿地区，用价值24美元的商品从印第安土著居民手中换来这片大荒地，并命名为"新阿姆斯特丹"，而今天的我们则叫它"纽约"，它也是全球金融之都。面向大众筹资的公司基因在那时落地生根，为今天掌握全世界金融秘密的华尔街走向巅峰奠定了基础。

如果没有1602年荷兰东印度公司的众筹，可能就没有现代公司制；如果没有现代公司制度，就没有现代的金融体系；如果没有现代金融，美国在政治上就无法赢得南北战争的胜利，经济上就不能建立贯穿南北的贸易体系，也就没有今天的美国。

在一些历史学家看来，中国到了大清末期，虽然国力衰微，祖宗基业一片狼藉，但是国民生产总值一直让西方列强不敢小视。

数据表明：1870年，中国GDP占世界总量的比重为17.3%，而日本、英国、美国的比重分别仅为2.3%、9.1%、0.9%。到了1900年，中国GDP占世界总量的比重为11.0%，落后于美国的15.8%，但依然领先于日本的2.6%和英国的9.0%。从占世界制造业产量的相对份额来看，1860年中国与英国相当，分别占19.7%、19.9%，远高于美国的7.2%和日本的2.6%。1880年，英国制造业将中国甩在后面，但中美的差距却并不明显。直到1900年，中国的6.2%才落后于美国的23.6%、英国的18.5%，但依然高于日本的2.4%。从GDP数据看，清末中国绝对是世界上的强国之一，虽然不能跟英国相比，但即使到了1900年，中国的经济实力也依然高居日本之上，此时中国至少是亚洲强国之一。然而，也是在这一年，八国联军横扫北京城，火烧圆明园。

那么，从经济的层面考虑，是什么原因使列强轻松击败世界强国之一的“大清帝国”呢？其实这与现代金融制度不无关系。

如果没有众筹，没有东印度公司的崛起，也许就不会有中国的百年耻辱，但是历史没有如果。由于近代中国还未建立现代金融制度，加之腐败和体制落后，“大清帝国”走下了大国强国的神坛，从此一蹶不振。

3. 大洋彼岸的解放号角：《JOBS 法案》

一个伟大行业的崛起，背后必有一部伟大的法案。这句话用在众筹身上一点不为过。

这次，我们依然把仰视的目光投向西方国家。

2012 年 4 月 5 日，美国总统奥巴马签订"Jumpstart Our Business Startups Act"法案，即《创业企业融资法案》，简称《JOBS 法案》。旨在通过放松金融监管要求鼓励新兴成长型企业融资，以实现加快经济复苏、创造更多就业机会的目标。

这项法案的签署，被世界各国用"震惊"二字来形容。为什么呢？

《JOBS 法案》共有 7 个部分，其中第三部分将"众筹"这种具有显著互联网时代特征的新型网络融资模式正式纳入合法范畴，对以众筹形式开展的网络融资活动，包括豁免权利、投资者身份、融资准入规则、与国内相应法律的关系等方面做出了具体的规定。

可以说，《JOBS 法案》的出台具有重大的意义，它一扫美国股权众筹环境不佳、一度遭受他人嘲笑的尴尬处境。全球顶级咨询机构麦肯锡曾这样乐观地发声，认为该法案的出台，将促使美国出现更多类似苹果、谷歌、脸谱（Facebook）等以理念和技术领先的世界超级明星公司。而有些传统创投人士也大声疾呼，他们认为投资界的面貌将因此焕然一新，未来人们将依托众筹这一平台彻底颠覆企业传统的融资模式。

《JOBS 法案》最大的亮点集中体现在以下两处：

第一，根据该法案，企业可以不必向美国证券交易委员会（SEC）注册，可以公开进行股权融资。《JOBS 法案》首先解除了创业企业不得以"一般劝诱或广告"方式非公开发行股票的限制，规定证券发行机构（包括所有由证券发行机构直接控制或共同控制的实体）可以通过公众集资进行证券发行或销售。

第二，《JOBS 法案》给股权众筹平台以“集资门户”的合法地位。创业企业发行或出售证券应通过经纪公司或“集资门户”进行，今天的众筹网站就是“集资门户”的一个具体形态，由此获得相应的法律地位。

众筹模式突破了以往由投行等机构主导的公开发行模式，降低了初创公司和普通公众参与股权投资的门槛，它的角色与传统证券交易商存在明显差异，介于私募发行中介与公开发行中介之间。《JOBS 法案》明确免除了众筹平台登记成为证券经纪商或证券交易商的义务。

第三节　国外众筹平台介绍

1. Kickstarter：全球首个股权众筹平台

放眼全球，最庞大、最知名、最火爆的众筹平台当属 Kickstarter。Kickstarter 是众筹网站的鼻祖，也是全球科技创业爱好者及创新者的"圣地"，在 2009 年创立，目前已超过 300 万用户参与了总计 4.8 亿美元的项目众筹，用户分布七大洲 214 个国家，Kickstarter 成为全球最成功的众筹平台，也让以梦想为名创意众筹逐渐成为一大潮流。

2. IndieGoGo：所筹资金直接分配给创始人

IndieGoGo 是美国第二大众筹平台。IndieGoGo 成立于 2008 年 1 月，

IndieGoGo众筹平台最初专注于电影类项目，现已发展成为接受各类创新项目。相比Kickstarter，对于项目的筛选和严苛的服务规则，IndieGoGo更为开放。IndieGoGo不对网站上发布的项目进行审查，支持者承诺支付的资金将会直接分配给项目创始人。如果项目没有达到预定筹资目标，则由项目发起人决定是否退还已筹资金。

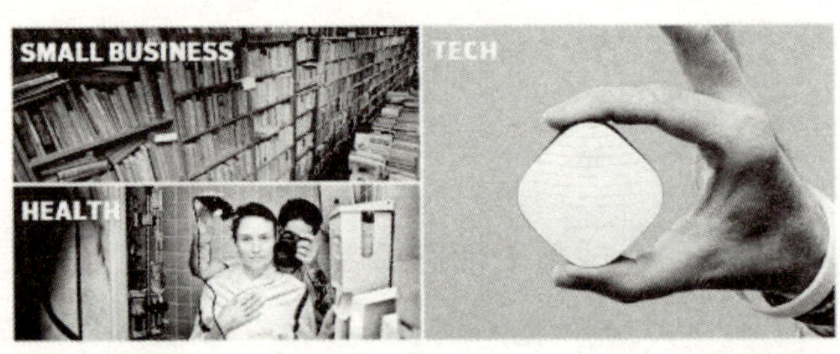

在IndieGoGo众筹平台，不管筹资目标是否完成，项目拥有方都可以将捐资收上来；而Kickstarter只会收取那些到指定日期已经完成目标的捐资。业界对于Kickstarter和IndieGoGo的定义非常明确，相对封闭、挑剔和只做精品的Kickstarter堪称众筹领域的苹果，而IndieGoGo则是来者不拒的谷歌安卓，谁能走得更远还是个未知数。

IndieGoGo的服务对象非常广泛，不限定客户类型，没有项目限制，无论是企业还是个人生病医治需要融资均可，也正因如此，刨除梦想之外，公益精神成为了IndieGoGo区别于Kickstarter的一大特色。

3. RocketHub：可以投票的众筹

RocketHub这家在全球排名靠前的众筹网站，于2010年1月正式推出，公司位于美国的纽约，由唱作人Brian Meece、演员兼制片人Jed Cohen和科技评论人Vladimir Vukicevic共同创立，分别担任公司的首席执行官（CEO）、首席运营官（COO）和首席技术官（CTO）。2011年

1月，语言学家兼创客 Alon Hillel – Tuch 加入 RocketHub 创始团队，担任首席财务官（CFO）。

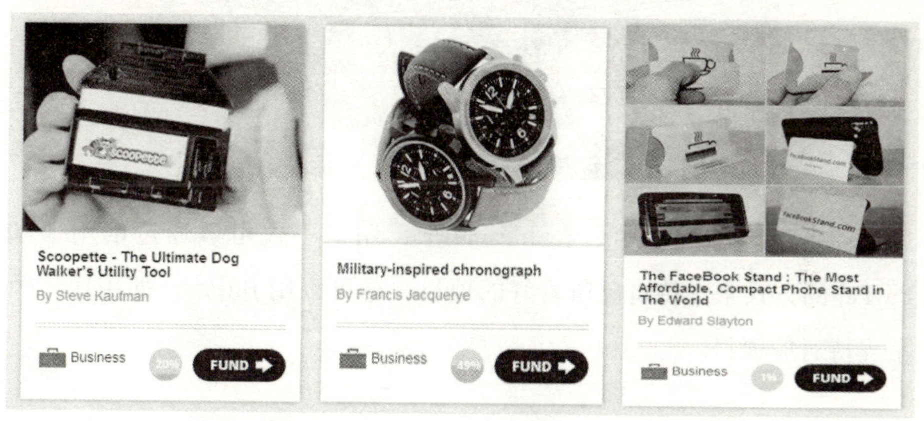

在 RocketHub 众筹平台上，用户可借助社交媒体通过 Direct—to—Fan 模式进行项目宣传和资金募集，如果融资目标在设定期限内没有达成，用户仍然可以继续募集资金。如果达到目标，RocketHub 将从中抽成4%，另外再加4%的手续费。除了额定的手续费之外，RocketHub 还将抽成8%。而支持者除了投资外，还可就项目进行投票，得票最高的项目将获得由 RocketHub 提供的商业和营销援助。其内容包括与重要公关人员合作的机会等。

4. Ideame：拉丁美洲领先的众筹平台

Ideame 是拉丁美洲首屈一指的众筹平台，于 2011 年 8 月诞生于阿根廷，支持游戏、教育、科技、环境、音乐、艺术、创业等多类别的众筹活动，足迹遍布阿根廷、智利、巴西、哥伦比亚、美国等多个国家。这个众筹平台最大的亮点在于，它是首家支持比特币支付的众筹平台。

Ideame 平台鼓励创新，通过众筹、社交网络及其他增值服务来帮

助创业者进行项目融资。在 Ideame 上，用户不仅可以通过信用卡和 PayPal 的方式来支持自己所看好的项目，还可以用 BitPay，即用比特币来支持对应项目。

第二章

众筹项目招商模式

众筹能获得全民的追捧，说明了众筹商业模式内含有颠覆传统渠道的禀赋。作为新融资的商业模式，这种颠覆为何能发生，如何发生，给每个人带来怎样的机会与变化？

第一节　众筹，筹什么

1. 筹圈子

“圈子”这个概念大家都很熟悉，实际上就是“物以类聚，人以群分”的意思。比如，数码产品发烧友可以加入“数码圈子”，汽车发烧友可以加入“汽车圈子”，甚至喜欢喝酒的人都可以加入“品酒的圈子”。

事实上，很多圈子是通过人们之间的社会行为特征自然形成的，如“IT 圈子”“社交圈子”“演艺圈子”等。而这种圈子的划分，实际上就是对人群进行了一次分类划分，即分众的模式。从众筹融资的角度来说，这样就极易形成一个定向准确的推广人群，让这些人加入众筹的项目，成为投资者或跟投人。

（1）互联网上的圈子

“圈子”最早出现在新浪博客，是基于拥有共同兴趣的人的一种社会化聚合的产物。当下，互联网技术发达，志趣相投的人聚集在相同的圈子里，分享从互联网上搜罗的有趣话题。圈主就是每个圈子的管理者，负责带动网友共同分享和讨论感兴趣的话题、清除圈子的垃圾、任命圈子管理员等。

圈子是互联网博客的一大特色，也是博友们展现自我、相互交流的广阔空间。博客可以通过创建某个类别的圈子集合志趣相投的朋友，圈子作为独立的群体存在。圈子是基于个人门户的强大平台，和个人博客一样，具有界面友好、操作简单的特点。在这里你可以查看圈友最新发表的文章、推送的文章，与朋友有效沟通，也可以推送圈友和成为热门圈友。

申请加入圈子之后，才能发表和推送文章。很多人可能不熟悉博客圈子，不妨先浏览博客地图。在博客地图寻找你感兴趣类别和内容的圈子，点击圈子页面右上角的“加入圈子”，写下理由，待圈子管理员批准后，就可以加入了。

博客申请圈子在得到管理员的批准之后，就能正式成为该圈的一员。如果你要推送自己的文章到某个圈子，只需要在自己的日志后面选择“推送”的圈子，按“确定”既可。通过圈子推送的文章，可以让爱好相同的朋友更快捷地欣赏到，也可以让更多爱好相同的朋友浏览你的博客。同时圈子的长期更新，会形成同一个主题的圈子网志。

一个博客既可以是一个圈子的圈主或者多个圈子的圈主，也可以是若干圈子的圈友。在你的博客界面下，进入圈子模块，你可以选择创建圈子，也可以查看你所有的关联圈子，包括你创建的圈子和你加入的圈子，以及你的身份和状态。在管理状态下，你可以退出某组。

在圈子的“管理”状态下，圈主可以审核请求加入圈子的博客，也可以编辑圈友。圈主可以推荐圈友共同管理，也可以删除不合格的圈友，修改“推荐圈友”。

与新浪博客圈子类似的社交平台还有当下最火爆的微信朋友圈，操作方法与之非常类似。

微信朋友圈指的是微信上的一个社交功能，于 2012 年 4 月 19 日上线，用户可以通过朋友圈发表文字和图片，同时可通过其他软件将文章或者音乐分享到朋友圈。用户可以对好友新发的照片进行“评论”或“赞”，而且用户只能看相同好友的评论或赞。

（2）众筹创业热潮

当前，80后、90后的创业热潮高涨，尤其是众筹创业模式的兴起，解决了很多80后、90后创业者资金不足的难题。

很多年轻人都有一颗文艺心，一生有两个梦想：一场说走就走的旅行和一个属于自己的酒吧。唐明就是这样的一位文艺男青年，他是80后，在东莞下坝坊创办了东莞第一家互联网众筹酒吧。

唐明原本从事互联网行业，一直有个开酒吧的梦想。2013年，他开始参与下坝坊的一些酒吧业务。下坝坊自2012年以来，酒吧生意普遍不景气，很多店要转让，以往做移动互联网的经验告诉唐明，应该结合自己的专长做一家有特色的酒吧。但是，他手头的资金比较紧张，于是便想到了众筹。

没想到的是，唐明在朋友圈发起众筹后，短短两周时间就有近40名股东入股，每股5000元，股东出资5000元到2万元不等，最终筹集到近30万元资金。

“股东除了出钱，酒吧的各种装饰用品都由其提供，股东还实行轮班制，保证和体现股东的主人翁地位。”唐明说，股东的朋友要是来店里消费，还可以获得以股东名义相赠的礼品，这样能保证一定的客源。

唐明就是这股众筹创业浪潮中的一个弄潮儿，利用互联网的朋友圈，发起众筹项目，成为很多创业者共同的选择，互联网对于年轻创业者的影响已经渗透在方方面面。

“我们的酒吧不收现金，所有的消费都通过微信、支付宝来完成。”唐明说，他们众筹的这家酒吧所有的咖啡、酒等饮品都有二维码。

据介绍，大家来到这个酒吧以后，每个人的面前会有一个卡片或者屏幕，上面会显示他或者她是处于安全模式、交友模式还是杀毒模式。“安全模式表示主人不希望跟任何人交流，即使是服务员也不能打扰主人；交友模式表示主人希望跟酒吧的其他人交流，别人可以通过局部的网络地图联系或者可以主动过来交友；杀毒模式表示主人心情不好，需要换个心情，可以求安慰、求拥抱等。”

据了解，在整个众筹的过程中，股东之间的互相联系、付款、讨论等基本都是利用微信朋友圈、支付宝等方式完成。

(3) 众筹打入熟人圈

江苏众筹网络推出了一个名为“众筹空间”的产品，意在让用户在朋友圈这样的熟人圈玩众筹，其产品是基于微信公众号实现的。

实现的过程如下：

首先，用户关注“众筹空间”公众号之后，可以发起众筹。发起时输入金额、时间以及是否限制人数和最低金额等，同时也可以选择获取用户信息，比如让支持者反馈手机号和地址，如果有实物回馈，这些信息会用得到。

其次，将设定好的众筹项目分享给朋友，可以是指定微信好友，包括自己，也可以是分享到朋友圈、微博。

再次，收到众筹项目的用户可直接点击“支持筹款”，不过如果是第一次使用“众筹空间”的用户，需要使用微博或者微信认证登录，通过手机接收验证码完成登录。

最后，可选择微信余额或支付宝进行支持。

这就是通过圈子实现众筹的过程，比如你在生日那天想要一个自己心仪的礼物，就可以设定好目标和理由，分享到朋友圈，让朋友来埋单。

这种众筹和传统众筹有很大的不同，没有既定的"回馈设定"，回归到众筹本身的特点，完全友情支持。现在这种众筹筹集的圈子主要基于微信、社交APP或Web端的朋友圈，众筹是其第一步，下一步是基于品牌的众筹。这两者的基石是一个统一的用户管理和回馈管理系统。

2. 筹通路

众筹的产生，主要是因为初创企业很难融资，或无力负担正规渠道高额的融资成本，不得不寻求新的融资渠道。而基于互联网的众筹平台，将筹资者与投资人直接连通，使众筹融资快速发展。所以说，众筹其实也是产业融资的通路。

央行原副行长刘士余说："目前互联网金融的主要业务模式有三类：第三方支付、网络信贷、众筹融资。众筹被看作融资渠道的创新。"众筹融资开拓了融资的新渠道，向一大群投资者筹集，而不是少量的成熟投资者，如VC（风险投资人）、PE（私募股权投资人）和天使投资人。

众筹融资模式下，每个投资者只需投入少量的资金，并且不需要银行或承销商等中介机构，非常方便快捷。有人甚至认为，在互联网对经济社会生活进一步渗透的背景下，众筹大有对传统证券投资行业业务构成巨大冲击的趋势。

3. 筹未来

从全球范围来看，数量众多的众筹平台正在运行或者准备运行。北美和欧洲是众筹平台发展最快的两个地区，从调查结果看，84.6%的众筹平台分布在这两个区域；亚洲和南美洲分别拥有全球6.7%和4.3%的众筹平台；大洋洲占了2.4%；非洲占了1.9%。

已经启动或打算运营的众筹平台数量可以反映这个地区众筹市场的成熟程度。北美（包括美国和加拿大）是一个较为年轻的市场，因为众筹经济回报的法律规范和框架还在等待最后的裁决，因此，在这块区域上，众多的众筹平台正在启动。对于欧洲和大洋洲市场而言，由于众筹的法律规范已经明确，新的众筹网站只能依赖自身的竞争优势进入这个市场。对于亚洲、南美洲、非洲而言，这种法律规范的不确定性也限制了新众筹平台的发展。

从整体上看，未来的众筹市场会更加灵活多样。项目发起人可以从众多的众筹平台中做出合理的选择。

众筹，筹的是未来。众筹不应该只是一个短暂的、时髦的概念，而是一种科技与社会结合产生的新思维，让我们可以用一种颠覆性的方式来支持彼此。各种通信工具已经很好地向我们演示了它们的重要性，它们让我们与朋友保持联系，结识新朋友，或者与完全陌生的人聊天。

公开交流变得更容易，并且不需要正式的介绍就能相互认识，跟他人分享自己的想法也更加容易了，这种分享为众筹的流行奠定了重要的基础。众筹通过对社会资本的聚集来提供解决问题所需要的财政支持，将社会的闲散资金充分利用，这种基于众人参与的模式能更好地服务于现代社会。另外，合理的运作让社会资本的使用效率最大化，从而创造新的价值。因此，可以说这种基于大众并回馈大众的众筹模式未来的发展潜力是非常巨大的。

4. 筹智慧

资金、圈子、通路仅仅是众筹的开始。现代众筹的第一个核心是以人为本，这个圈子需要具备共同的价值观，相互摩擦、相互借力，共赢、互生。第二个核心是筹到比自己厉害的人。通过大家的群策群力，将一个好项目、一个好模式真正运作起来。

综上所述，众筹就是“互联网+”时代新经济革命的开始，其中有两个层面。一是线上革命：通过平台、金融和数据重建互联网化商业生态系统；二是线下革命：新衍生的众筹平台企业将线下的人脉、信息、资金以众筹方式聚合起来，如八八众筹、中国众筹研究院等。

第二节　众筹模式分类

股权众筹是以股权的形式对一定的项目进行投资，当这个项目日后发展壮大时跟投人可以享受股东所涉及的所有权益。唯一不足的是国家法律规定一个项目的股东人数不能超过200人。股权众筹的股东人数限定问题是会涉及法律风险最大的一个方面。

另外，还有债权式、回报式、捐赠式等，下面我们分别来看一下。

1. 股权众筹：我给你钱，你给我股份

所谓股权众筹，是指公司出让一定比例的股份，面向普通投资者，投资者通过出资入股公司，获得未来收益。这种基于互联网渠道而进行融资的模式被称作股权众筹。也有人认为，“股权众筹是私募股权互联网化”。

我们先来见证一下股权众筹从无到有的过程：2009年，众筹在国外兴起；2011年，众筹进入中国；2013年，国内正式诞生第一例股权众筹案例；2014年，国内出现第一个有担保的股权众筹项目；2014年5月，明确了证监会对于众筹的监管，并出台监管意见稿；2014年11月19日，国务院总理李克强主持召开国务院常务会议，要求建立资本市场小额再融资快速机制，并首次提出“开展股权众筹融资试点”；2015年两会，修改后的政府工作报告有关金融改革的部分，加入了

“开展股权众筹融资试点”。

（1）股权众筹分类

股权众筹从能否担保的角度，可分为两类：无担保的股权众筹和有担保的股权众筹。

无担保的股权众筹是指投资人在进行众筹投资的过程中没有第三方的公司提供对相关权益问题的担保责任。目前国内基本上都是无担保股权众筹。

有担保的股权众筹是指股权众筹项目在进行众筹的同时，有第三方的公司提供对相关权益问题的担保责任，这种担保是固定期限的担保责任。但国内目前只有贷帮网的众筹项目提供担保服务，这种模式尚未被多数平台接受。

国内第一个担保股权众筹是贷帮网袋鼠物流项目，项目上线16天，79位投资者完成了60万元的投资额度。该项目是由第三方机构提供为期一年的担保，在一年内如果该项目失败，担保机构将全额赔付投资人的投资额度，对投资人有相当的吸引力。

（2）股权众筹所涉及的法律问题

①非法集资

当前，国内关于股权众筹最大的争议在于它与非法集资的区别。股权众筹属于公开向不特定人群募集资金，很容易涉嫌非法集资。

②《公司法》

股权众筹以发起公司的原始股权作为回报，这相当于吸引一部分人入伙开办公司，于是就会涉及《公司法》方面的问题。因为《公司法》明确规定，非上市公司的股东人数不能超过200人，而股权众筹要的就是“人多力量大”。

③《证券法》

我国《证券法》规定，向不特定对象发行证券的、向特定对象发行证券累计超过 200 人的，都算是公开发行证券，而公开发行证券则必须通过证监会或国务院授权的部门核准，需要在交易所遵循一系列规则去交易。而股权众筹要想健康发展，还要受到《证券法》的某些限制。

（3）股权众筹海外借鉴

2012 年 4 月，美国颁布了《JOBS 法案》，其中提到：众筹，也叫网上小额集资，是一种利用网络平台向众多小额投资者募集股权资金的新型融资方式，对认定的新兴成长企业在私募、小额、众筹等发行方面改革注册豁免机制，增加发行便利性。

《JOBS 法案》为众筹中的股权型众筹保驾护航、法律正名的时候，我国的《公司法》《证券法》《刑法》等法律中的限制性或禁止性规定却让人寸步难行。

在《JOBS 法案》中，确立了对众筹融资的发行豁免条件："发行人每年最高合计的众筹融资不超过 100 万美元。投资者的投资金额需满足以下要求：第一，年收入少于 10 万美元的个人累计投资至多为 2000 美元或年收入的 5% 中的高者；第二，年收入超过 10 万美元的个人可将其收入的 10% 用于投资。必须通过经纪人或资金门户进行众筹融资。"

（4）未来政策走向

目前，我国股权众筹已经明确归证监会监管，筹备中的《对股权众筹平台指导意见》提出，公司股东不得超过 200 个，单个股东投资金额不得超过 2.5 万元，整体投资规模控制在 500 万元内。所以，从目前来看，股权众筹正逐步得到国家政策的支持。

（5）股权众筹是否适合一般家庭

资本市场上，有两个必须遵循的规律：投资回报和风险匹配，风险巨大的项目，回报也高；投资人的风险承受能力必须和风险匹配，投资项目不仅要求有风险承受能力，“口袋深”，而且需要投资人有更强的判断能力，这是少数人的游戏。

众筹融资往往把金额降低到单个普通投资人可以接受的程度，这往往给人低风险高回报的误解。额度低并不等于风险低，投资人的承受能力不仅仅和额度有关，也和可支配财富有关。十万八万元对天使投资人来说数额很少，但是对于一个普通家庭而言，则是一笔“大投入”。

所以，降低额度，降低的是准入门槛，而不是降低项目风险！

众筹投资必须清醒地认识到早期项目的高风险性，往往需要在一个领域多次投资才能获得回报，国内多数的天使投资人，十个项目里有一两个到下一轮已经是不错了。如果你觉得一个众筹项目投资 5 万元不算什么，试想自己投资十个这样的项目是不是也能承受？如果你的资金只够一次众筹投资，那么获利是个低概率的事件，赔钱就不足为奇了。

（6）股权众筹跟股权投资的区别

传统的股权投资隐性成本非常高。对项目方来讲，主要是缺乏经验，不能充分展现项目亮点，同时对接投资人数量非常有限，找到匹配的投资人需要运气。由于缺乏金融和投资知识，对交易结构、交易估值很难进行科学的把握，容易遭受不可避免的损失。

而股权众筹做的是一个平台，能够在一个开放的、基于互联网的平台上，让更多的投资人参与到投资创业企业的过程中来。股权众筹的定位在于投融资的信息服务平台，服务的对象包括两方面，一方面是融资方，即中国的中小企业群；另外一方面是中国的投资方，即大量潜在的“小微天使投资人”。

（7）股权众筹存在的最大问题

股权众筹存在的最大的问题是，如何保护投资人的利益，逐步放宽对投资人的准入门槛，让更多的投资人参与到对创业者投资的过程中。这个过程需要国家监管部门进一步规范，防范由于政策过度放开而对投资者造成不必要的伤害。

比如，在美国做股权众筹相对容易，项目失败了，投资人不会灰心丧气，因为投资者大多比较成熟，明白虽然项目是平台介绍的，但最后责任还是要自己来承担的。中国投资者这种成熟的认知还需要进一步培育。

所以，在国内做股权众筹前期需要花很长的时间去培育这个投资市场。并做好持久战的准备，它不是一两年就能一蹴而就培养起来的，最少需要3~5年的时间，才能慢慢成熟。

（8）国内股权众筹平台

①互联网领域股权众筹平台：天使汇

天使汇于2011年11月成立，是国内第一家发布天使投资人规则的众筹平台。天使汇的众筹项目主要聚焦在互联网、移动终端领域，一些成功的融资案例包括嘀嘀打车、大姨吗、小猪短租等。

天使汇是纯粹意义上的股权众筹模式，天使汇的众筹流程是：投资人入驻平台，融资团队在线提交项目，天使汇团队对项目进行审核，融资团队进行路演、展示，投资人认购、签约。国内还有一些采用相同模式的股权众筹平台，包括天使客、天使街、银杏果、原始会等。

②店铺融资众筹平台：人人投

人人投于2011年上线，专注于为实体企业提供在线融资服务，帮助融资方快速融资开设店铺。人人投的众筹项目多为小而美的特色店铺，为那些有好的产品和服务的店铺提供资金。

人人投对融资项目有一定的要求，凡是融资的项目必须具备有2个及以上的实体店铺，主要以餐饮企业为主。

③农业众筹网：大家种、尝鲜众筹网

这两家众筹网站为农业类众筹，平台上主要以水果、蔬菜等农产品为主。当城市生活节奏过快，或许这种能够回归田园的方式正是出资人所追求的。

2. 捐赠众筹：我给你钱，你什么都不用给我

捐赠众筹是一种不计回报的众筹。比如红十字会 NGO（非政府组织）在线捐款平台可以算是捐赠众筹的雏形：有需要的人由本人或他人提出申请，NGO 做尽职调查，证实情况，NGO 在网上发起项目，从公众募捐。

（1）捐赠众筹的目的

我们说捐赠众筹，顾名思义，其目的主要用于公益事业领域，支持者对某个项目的出资支持更多表现的是重在参与的属性或精神层面的收获，支持者几乎不会在乎自己的出资最终能得到多少回报，他们的出资行为带有明显的捐赠和帮助的公益性质。

国内捐赠众筹做得比较多的是募捐制和奖励制项目，不管是电影、书、演唱会，还是课程、手表等，项目的支持者一般就是项目的推动者，参与感很强。

（2）捐赠众筹的法律风险

捐赠众筹的基础法律关系是赠与。《合同法》第 185 条规定，赠与是赠与人将自己的财产无偿给予受赠人、受赠人表示接受的一种行为，这种行为的实质是财产所有权的转移。故从法律的角度分析，规范的赠与当然不存在任何民事、刑事法律风险。

目前，在实务操作中，捐赠众筹存在的法律风险主要来自两个方面：一是项目信息虚假，二是募集资金使用不透明。如果众筹平台没有

尽勤勉的审查义务，致使部分虚假项目上线接受捐赠，甚至自行编造虚假项目接受捐赠，或者虽然项目真实但未将捐赠资金合理使用，则项目发起人可能涉嫌集资诈骗罪。

（3）捐赠众筹平台

2013 年 7 月，我国首家专业公益众筹平台“创意鼓”正式上线。2014 年 3 月和 2014 年 4 月分别又有两家专业公益众筹平台“积善之家”和“新公益”上线。

3. 奖励众筹：我给你钱，你给我产品或服务

奖励众筹是指投资者对项目或公司进行投资，获得产品或服务，也就是人们常说的“我给你钱，你给我产品或服务”。

（1）奖励众筹与团购的区别

奖励众筹一般是指预售类的众筹项目，包括团购在内，但团购并不是奖励众筹的全部。而传统意义上的团购和奖励众筹的主要区别在于募集资金的产品或服务发展的阶段。

两者的不同之处在于：奖励众筹指的是仍处于研发设计或生产阶段的产品或服务的预售，团购则更多指的是已经进入销售阶段的产品或服务的销售，奖励众筹面临着产品或服务不能如期交货的风险。奖励众筹与团购的目的也不尽相同，奖励众筹主要为了募集运营资金、测试需求，而团购主要是为了提高销售业绩。

在实际操作中，奖励众筹和团购并没有特别清晰的界限，通常团购网站也会搞类似奖励众筹的预售，众筹网站也会发起团购项目。

（2）奖励众筹平台

下面是我国当前比较知名的奖励众筹平台。

①智能设备众筹平台：点名时间

曾作为国内最大的和最早的众筹平台，“点名时间”从2011年进入中国后，目前已转型做智能产品的首发平台。但浏览其网站可以发现，除了取缔了原本那些电影、书籍方面的众筹项目外，与之前的形式并无大差别。也许点名时间想要弱化已经大众化的众筹概念，但其扮演的依然是嫁接需求方和投资方的平台。点名时间首席执行官张佑说：“现在的众筹被媒体滥用而使得其失去原本的意义，但不可否认众筹的形式正在改变着社会对于融资的固有印象。”

②年轻人新生活众筹平台：追梦网

追梦网于2011年9月20日上线，它面对的是年轻一代的“非股权”众筹。追梦网上的项目主要有音乐、出版、科技、设计、影像、人文、活动等几大类，众筹的项目回报可能是一张专辑、一本书、一次晚饭机会或者是多认识一个朋友。

追梦网上的项目特色是，发起人筹资的目的更像是寻找一分帮助、一分关怀、一点希望，而每一个投资者所扮演的更像是天使，为每一个追求梦想的人提供帮助。

③娱乐影视众筹平台：阿里娱乐宝

阿里娱乐宝于2014年3月26日发布。阿里系下的各类宝宝们给投资市场带来了很大的转变，网民原本的投资方式正在被颠覆和改变，消费者有越来越多的选择可以收获比银行利息更多的回报。

阿里娱乐宝是阿里数字娱乐事业群推出的互联网金融产品，总裁刘春宁说：“通过这个平台，将能够改变过去文化产业自上而下的投资和生产方式，真正让用户更多地参与其中，是C2B模式。”目前通过娱乐宝众筹的影视项目包括《小时代3》《小时代4》《狼图腾》等，通过投资娱乐宝，投资人可以身临其境地作为制片方来参与到影视作品的创作过程中，对于投资人和融资方来说，是双向的满足。

④用名人来进行众筹：众筹网

众筹网于2013年2月上线，上线之初是以名人来吸引投资者，如"快乐男生"主题电影、那英演唱会等。对于早期的众筹市场来说，名人效应为众筹网积累了前期的种子客户，也为后期的发展提供了夯实的基础。在其网站上可以看出，虽然现在众筹网的项目已经涵盖音乐、影视、出版、动漫游戏、艺术、科技、公益、公开课、农业等领域，但其中音乐、影视、出版所占的比例能占到半数，说明其原始的基因并没有褪去，仍然是其平台的重点项目。

4. 债券众筹：我给你钱，你之后还我本金和利息

了解债券众筹之前，我们需要先弄明白P2P（Peer to Peer）网贷的概念。简单地说，就是有资金并且有投资想法的个人，通过中介机构牵线搭桥，使用信用贷款的方式将资金贷给其他有借款需求的人。其中，中介机构负责对借款方的经济效益、经营管理水平、发展前景等情况进行详细的考察，并收取账户管理费和服务费等费用。这种操作模式依据的是《合同法》，其实就是一种民间借贷方式，只要贷款利率不超过同期银行贷款利率的4倍，就是合法的。

债券众筹也是我国众筹的一种常见的形式，债权众筹其实就是P2P借贷平台（如人人贷）——多位投资者对网站上的项目进行投资，按投资比例获得债权，未来获取利息收益并收回本金。

债权众筹的模式是把民间贷款放到网络平台上进行交易，也就是所谓的P2P。我国民间借贷存在已久，随着电子商务的日渐成熟和电子支付方式的简便快捷，网络贷款才顺应时代发展潮流而出现。

以前科技没有那么发达，还没有网络，那么一个陌生人向很多陌生人借钱，承诺利息，这是非常困难的事情，但是在互联网的今天，就变

成了现实，这就是众筹。债券众筹也是众筹，只不过把实物回馈变成了收取利息。

从众筹的角度，对于投资人来说，把资金分散投资到稳定的债券上是最好的选择。中国大部分的储户还是相信银行，宁愿把手头的积蓄放到银行变成定期存款，也不愿意自己投资做生意，承担更多的风险，但是又遏制不住自己对高利息的渴望。于是，债券众筹应运而生，所以债券众筹对于一些投资人来说，它能分散风险，还能使投资人获得高额利益。

（1）P2P 风险控制

对于募资人来说，借钱不一定要向身边的人开口，假如一个成熟的平台能尽快借到钱，这就是一个非常好的选择。但是作为众筹平台来说，如何建立借款人信用规则成为了第一要务，这也是众筹平台的价值所在，为投资人提供完整的风险控制，建立平台风险资金池，完整保护投资人利益。

债券众筹平台为此想了不少风险控制的办法，比如查寻借款人的工作地址、名片、收入证明等信息，都是希望从侧面证明借款人具备还款能力。

债券众筹项目的最大风险就是信用风险，假如借款人逃跑，众筹平台缺乏相应的制约，所以借款人潜逃的内心活动就强烈一些。随着债券众筹平台规模的不断扩大，风险控制制度也要越来越规范，才能避免大量的坏账产生。

当然，如果债券众筹的平台能接入央行的征信系统，不管是从风险控制还是监管，都能上一个层次。

（2）企业债券众筹：爱投资、积木盒子

从上面我们看出，对于投资者来说，P2P 风险很大，而 P2C 就完全不一样了，这些平台的创始人都有银行背景，所以采取的手段也比较规整。

从模式上来讲，P2C 还是债券众筹模式，项目人募资，多名投资者参与。但是相比人人贷，P2C 更专业，它有担保公司担保，有抵押物，资金也是由第三方托管公司管理。

目前，国内 P2C 以“爱投资”和“积木盒子”为代表，“爱投资”以 10000 元起投，“积木盒子”以 100 元起投。

第四节　众筹的世界市场

最早的众筹是艰难奋斗的艺术家们为创作筹措资金的一个手段，现已演变成初创企业、中小资本和个人为自己的项目争取资金的一个渠道。利用众筹平台，可以使任何有创意、有想法的人，通过发起项目向几乎完全陌生的人筹集资金。这种全新的筹资方式，消除了从传统投资者和机构融资的许多障碍。

众筹在美国网站 Kickstarter 兴起，该网站通过搭建网络平台面对公众筹资，让有创造力的人可能获得他们所需要的资金，以便使他们的梦想有可能实现。众筹的兴起打破了传统的融资模式，每一位普通人都可以通过众筹的平台发起项目，获得从事某项创作或活动的资金，使得融资的来源不再局限于风投、银行等机构，而可以来源于普通大众。

国内众筹市场与国外众筹市场最大的差别在于对支持者的保护措施上，国外的项目如果众筹取得了成功，马上会给项目发钱去执行；而国内的众筹项目，为了保护支持者，把它分成了两个阶段，一般会先付50%的资金去启动项目，项目完成后，确定支持者都已经收到回报，才会把剩下的钱交给发起人。

1. 国外众筹市场现状

2012 年 4 月，美国通过《JOBS 法案》，允许公司公开宣布融资的消息，敞开了创业企业进行股权众筹的大门。该法案细则为美国重要的一次新股发行、股权制度改革，开放了融资的限制，同时也要求股权众筹者每年通过股权众筹的方式募得的金额不得超过100万美元。

2014年上半年国外融资事件汇总

时间	事件主体	事件概述	事件详情
1月22日	IndieGoGo股权众筹网	获得B轮融资4000万美元	与Kickstarter不同，IndieGoGo不进行项目筛选，可以为投资者提供开放的平台环境同时使投资者享受股权投资的收益。自2008年创建以来，该平台已完成超过20万次筹资活动，并正在专注于扩展国际市场
5月22日		再获得新一轮融资，融资规模未知	8位投资人分别为：Virgin Group创始人Richard Branson；PayPal联合创始人Max Levchin；GoogleX副总裁Megan Smith；Yahoo董事长Maynard Webb；Andor资产管理总裁Dan Benton；Draper Fisher Jurverson创始合伙人Tim Draper；Drugstore. com前任总裁Dawn Lepore；以及Visa前任董事长Hans Morris。此轮融资的重大意义在于投资人为网站带来的经验、建议和关系网络
3月27日	CircleUp股权众筹网	股权众筹网站CircleUp获1400万美元融资	CircleUp是一家专注股权众筹的初创企业，能够帮助一些仍在创业初期无法互动获得VC青睐的团队（主要做消费级产品），快速获得足够启动的资金。本轮融资额1400万美元，已是该公司第二轮融资，由Google Ventures、Union SquareVentures以及Canaan Partners等领投

续 表

时间	事件主体	事件概述	事件详情
4月15日	SeedInvest 股权众筹网	股权众筹平台 SeedInvest 上线自己的 A 轮融资项目	SeedInvest 已经在线上募得 37.5 万美元，线下风投机构处募得 200 万美元，SeedInvest 联合创始人表示，平台在制度上进行创新，允许普通人和 VC 一同对公司进行股权融资行为。目前该公司 A 轮融资的领投者包括 Scout Ventures、Great Oaks Venture Capital 等
4月22日	Crowdrise 公益众筹网	公益众筹平台 Crowdrise 融资 2300 万美元	Crowdrise 专注为第三方机构举办的慈善募捐项目提供在线筹资服务，并从其中每笔汇款中抽取 3% ~5% 的费用，由著名演员爱德华·诺顿（Edward Norton）等于 2009 年创建，本轮融资由 Fred Wilson 以及 Union Square Ventures 领投
4月29日	OurCrowd 以色列股权众筹平台	OurCrowd 获 B 轮融资 2500 万美元，创股权众筹融资最大规模	OurCrowd 称，该轮融资远超 A 轮融资的 550 万美元，并比 AngelList 2013 年 9 月的融资多出 100 万美元。投资方包括澳洲 Investec Bank 的前 CEO 和执行总裁 Geoff Levy，私人股本公司 Mistral Equity Partners 的首席执行官 Andrew Heyer
5月28日	Fundly 全球最大公益众筹平台	网信金融战略入资 Fundly，投资金额未知	Fundly，2009 年成立于美国，是一家专注于公益项目和活动的众筹平台。截至目前，该平台已募集到 3.2 亿美金，促成了约 17.5 万个项目，在过去的 9 个月中规模实现了 3 倍增长。网信金融负责人透露，在战略入股 Fundly 后，Fundly 的投资项目会在“原始会”平台上向投资者开放。此外，“原始会”将与 Fundly 展开合作，根据具体项目和领域的不同，探索出中国公益众筹发展的新模式

续 表

时间	事件主体	事件概述	事件详情
5月30日	Fundrise 垂直类地产众筹网	Fundrise 获 3100 万美元融资，领投方为中国社交网站人人网	该网站允许投资者以低达 100 美元的份额，通过网站平台参股商业地产项目。目前主要服务的地区为美国华盛顿特区、旧金山、西雅图以及少数其他城市，目前资本流水已经超过了 1500 万美元。本轮融资中人人网领投，其他投资者包括 Ackman – Ziff、Silver-stein Properties 等，均为知名的地产集团
6月24日	Patreon 垂直类众筹网	艺术家众筹网站 Patreon 获 1500 万美元 A 轮融资	该网站上线一年，已聚集了约 25000 名艺术家，其中一半是 Youtube 视频制作者，其余则包括了漫画艺术家、播客和作家。据说该平台的营收在过去 5 个月里增长了 10 倍以上。此轮融资由 Index Ventures 领投，17 家机构和个人跟投

据 2014 年上半年的统计，美国国内众筹案例近 5600 起，参与众筹投资人数近 281 万人，拟募资金额共 10426.99 万美元，实际募资金额 21508.61 万美元，募资成功率为 206.28%。

在这样的背景下，美国多家股权众筹平台陆续通过资本市场一方面在平台上为项目筹资，一方面在平台上开启网站自身的众筹之路。上表是 2014 年上半年国外众筹领域内发生的较为重要的融资事件，共 9 起，其中美国 8 起，以色列 1 起。

2. 国内众筹发展与挑战

众筹最早在 2011 年来到中国，一批众筹网站平台相继成立，其中绝大部分是以募捐制众筹模式出现。

众筹这种新的募资方式很快就引起了不少争议。一部分投资者非常看好网络股权众筹，也有一部分投资者觉得众筹存在很大的商业风险，因为创业公司的项目往往风险巨大，且存在信息披露与公司治理等诸多问题。另外，投资者也很难判断融资项目是不是一个真实的创业公司，遇到诈骗的陷阱怎样办？

随着以众筹模式为代表的互联网金融的发展，监管机构也开始介入并制定相关规章制度，但综合来说，监管机构是鼓励互联网金融的发展的，其中央行在其发布的《中国人民银行年报2013》中指出，“随着互联网技术对金融领域的不断渗透，互联网与金融的深入融合是大势所趋。”

下表是众筹领域我国同美国的数据对比：

众筹领域中美数据对比

对比指标	项目数量（个）	已募资金额（万）	参与人数（个）	预期募集金额（万）
美国	5513	USD 21508.61	2805553	USD 10426.99
中国	1423	RMB 18791.07	109174	RMB 206276.38

中国经济经历了改革开放30多年的飞速发展，金融市场从效率较为低下的政府主导的初级阶段，向高效而活跃的市场经济过渡，这使得金融模式不断创新将成为发展的趋势。随着金融与互联网交叉渗透的深入，互联网的经济模式已经孕育出具有强大竞争力的创新金融模式。比如，网络金融载体的第三方支付（以支付宝为代表）、P2P（以人人贷为代表）、新型的融资方式众筹等。特别值得一提的是，众筹融资作为一种新型的金融手段，在国内外尚属于新兴市场，发展前景值得期待。

从发展程度来看，国内的众筹市场刚刚起步，未来还有很大的发展空间。目前国内众筹网站众多，发展情况参差不齐，市场竞争中加入了新兴力量，也不乏存在一些网站铩羽而归的情况。

就目前的众筹模式来看，主要以奖励众筹为主，股权众筹较少。除了目前市场上呈现的网络同质化高、融资规模不大、存在法律风险等外部因素，市场起步对众筹项目发起方、投资方以及众筹平台都提出更高的要求。

（1）发起方：经验不足，盲目乐观

首先，创业者及项目发起方大多经验不足。项目发起方对产品的质量、投放市场的方式、产品的宣传推广等方面缺乏独立运作的能力。在现有情况下，众筹需要在项目发起人的培训与项目的宣传推广方面投入大量的精力，帮助发起方推动目标实现。

其次，项目发起方对预期始终良好。这种乐观不仅体现在对项目是否成功的预判上，还体现在最终能否完成项目并提供预期的回报上。但事实却是超过 60% 的项目无法完成融资。根据 2012 年的一项调查发现，美国众筹网站 Kickstarter 上科技与技术领域的项目中有 75% 的项目不能在众筹成功后按时兑换回报。因此，在项目进行的过程中，稚嫩的市场和信用体系需要平台方加强过程中的管理和监控力度。

最后，项目的版权问题。国内在知识产权立法和保护上，以及市场参与者的意识上，还处于一个需要大力发展的阶段，创意项目的投放无法真正规避迅速被抄袭的问题，也导致“劣币驱逐良币”的现象。比如，“众筹咖啡冲泡过滤系统”项目，最初想在 90 天内获取 5000 元的资助，但很可能在项目发布并筹资的过程中，创新和特色被其他商家借鉴，并很快推出同样的产品。

（2）支持方：习惯买家的角色，而非投资者

经济、文化、环境、国民教育等方面的因素，以及民众的收入水平、对众筹的认识等，都对众筹困境产生了较大的影响。实际上，众筹

属于偏中高层认识水平的融资模式，部分众筹项目的回报不是真金白银，但却更有意义和价值。如精神价值和广泛交友的价值，但由于我国整体收入水平偏低，这条路还任重而道远。

国内投资者多习惯于买家的角色，而非投资者。他们对物质产品更感兴趣，而鲜少对企业家精神和创新精神提供支持。多数项目的支持者缺乏判断项目的能力，对众筹模式有可能出现的无明显利益回报的特点缺乏天然的兴趣，众筹模式在这样的投资环境下操作难度很大。

（3）平台方：多重困难，多重挑战

在国内，众筹市场尚处于稚嫩期，众筹项目的平台方遭遇的困难和挑战相对更多。

首先，市场的敏锐度和多种行业经验要求。在市场不成熟、支持方的辨识能力不高的阶段，平台方需要具备对不同领域项目的筛查能力、市场敏感度。比如，开展科技项目众筹需要对新发明的捕捉；娱乐众筹离不开文艺界资源的推动；金融众筹需要具备金融产品的运作知识和对法律规则的把握；等等。总之，平台方既要保证平台项目的吸引力，又要使项目本身具有众筹价值和一定的市场认可度。

其次，对项目风险的控制。作为平台方，需要不断对平台系统进行优化，对众筹项目的发起人进行严格的审查，确保发起人信息的真实性。另外，项目的执行管理也是一种挑战，项目发起方如何保质保量地反馈投资方权益是一个不断完善和摸索的过程。

最后，平台方承担更大的行业推动责任。国内众筹模式还处在初级阶段，一方面需要保护行业的发展，鼓励多样化的众筹经营；另一方面还需要众筹平台不断地培育市场，带动更多人接受和认同这种新理念，同时不断地推进对项目方、支持方的众筹意识培养。

3. 中国超越发达国家的机会

发展中国家基本是沿着发达国家的资本市场结构和监管体系运作，但通过众筹，发展中国家有可能反超，可能利用新技术（如社交网络、移动技术、快速创新体系及众筹等）打造更高效的创业融资体系，超过发达国家现有的运作方式。

众筹可以使更广阔的潜在投资人能更高效地发现可信的、具有价值的创业企业。

众筹有能力解决融资的“最后一公里”问题，创业者不用远赴硅谷就能获得融资。当宽带技术、互联网、手机通讯等不断发展之时，发展中国家的创业者也能得到全球的支持。

对于未来众筹发展方向，众筹模式将成为互联网金融的支撑力量，促进投资本土化。众筹模式将为较难获得企业融资的小微企业提供发展的机会，而大型企业将融资转向众筹模式，以此提高社会知名度，检验市场，使创业公司尽快融入市场。

科技类、文化创业最适合众筹，除此之外，众筹对专业投资者和普通参与者也有特殊的意义。对专业投资者而言，他们在众筹平台会第一时间发现具备价值潜力的想法和产品，更早地求得性价比更高的机会；对于普通参与者而言，他们在众筹平台上可以买到“未来的商品”，并且有机会参与到这个产品的创意和问世，为这个创意或产品注入更多的生命力，这也是一种“集体创作”的过程，为用户最终拿到产品或得到服务赋予更多的新鲜感、交流感、参与感、成就感。

第五节 众筹在中国商业模式的突破

作为互联网金融的融资模式之一，众筹具有巨大的想象空间。一方面，移动互联网技术的普及，建立投资人和项目发起人有效的实时沟通渠道和平台，这将贯穿整个众筹项目周期。在这个过程中，众筹项目能构建起有效的在线服务化网络，使投资人和项目发起人能形成社区，并传递信任，而这个在众筹项目完成的过程中所积累的社区，也将是一个无形的珍宝。另一方面，众筹的蓬勃发展也将在整个社会形成创业文化，包括推进共享办公室（蜂巢）、孵化器、加速器等，提供辅导和相互学习的机会，以及创造与投资人的沟通桥梁。

众筹市场在中国必将被逐步引爆，掀起众筹融资的热潮。众筹平台具备巨大的想象空间，可以演变出各种各样的商业模式，具有巨大的商业价值。众筹不仅仅带来投资收益，还可以为广大的创业者提供资金、技术的支持，发挥创业者的优势，支持新兴创业势力，推动社会经济发展。

我们知道，众筹的种类很多，有债权众筹、股权众筹、奖励众筹、捐赠众筹等。姑且抛开产品的收益不说，下面从社会意义的角度出发，介绍一下众筹可能出现的商业模式。

1. 产品重生的舞台

利用众筹平台，项目发起人可以向投资者展现他的产品和服务，优秀产品不会因为缺乏资金的支持而轻易被抛弃。设计师可以将自己设计的产品放到众筹平台上接受消费者的检验，如果他的作品得到了大家的一致好评，具有市场价值，设计师就可以通过众筹平台轻易募集资金，找到厂家来生产他所设计的产品。这个众筹项目不仅可以为投资者和生产者带来收益，同时还可以实现设计师的自我价值。

这种商业模式还适用于服装设计师、家居设计师、工艺品设计师、玩具设计师、灯具设计师、广告设计师等。一旦众筹平台连接了这些具有实力的设计师和生产厂家，商家和投资者将会迅速帮助设计师进行工业化生产，帮助其产品占领市场，获取高额收益。设计师在实现自我价值的同时也帮助了缺少设计人才的生产厂家，商业想象空间和市场巨大。一旦有一两件影响大的成功案例，将会迅速引爆众筹平台，进入“人人时代”。

2. 高科技产品推广的平台

借助社交媒体、大数据、移动设备、传感器、定位系统这五大原力，人类社会即将进入场景时代，人们的生活和社会行为都将数据化。各种类型的传感器、可穿戴设备的出现，必将给人类带来新一次的产品革命，由于其市场巨大，很多厂家都在投入资金进行开发。

可穿戴设备需要大量用户进行测试，进行产品功能和外形的改进。借助众筹平台，可穿戴设备可以快速吸引更多客户的注意，吸引用户参与测试，提供反馈报告，并且通过众筹平台为自己的产品进行免费宣传。同样，像可穿戴设备这些创意类产品可以为众筹平台带来客户，增加客户的黏稠度，提高众筹平台的商业价值。众筹平台也可以吸引专业风险投资机构来加入，为这些高科技产品提供资金支持。

可穿戴设备类的高科技项目涉及的投资较大，不太适合债权众筹和股权众筹。但奖励众筹可以帮助这些高科技产品找到目标客户，同时利用平台的反馈来升级产品，众筹平台网站具有客户来源广泛、客户文化程度较高、客户较为专业的特点。

高科技产品利用众筹平台进行奖励众筹是个双赢的模式，既有利于企业自身产品的宣传，又有利于众筹平台知名度的提高，如果良性发展下去，市场空间巨大。国产的高科技产品众筹市场还在发展中，众筹自身的商业模式也没有成熟，急需一两个项目来引爆这个市场，高科技的可穿戴设备应该是一个最好的引爆点。

3. 艺术家的大众经纪人

艺术家成长的道路是充满艰辛和苦涩的，会面临很多的压力，如果艺术家的作品没有用户的支持，很多艺术家就会半途而废。有的艺术家可能会屈于某种压力，放弃了自己的个性，丧失了艺术家的独立性，成为模式化的庸才。

借助众筹平台，艺术家完全可以向社会展示其艺术作品，无论是油画也好，雕塑也好，工艺品也好，艺术家都可以通过众筹平台来募集资金，办展览或生产。借助众筹平台，艺术家可以展示自己的才华，不仅可以得到用户的认可，还能通过平台听取广大用户的建议，对自己的艺术作品进行再创作，寻找新的灵感，升华自己的作品。

总之，众筹平台不仅带给艺术家资金支持，还带给艺术家更多用户的支持和鼓励。支持者完全可以通过众筹平台来帮助艺术家成长，成为艺术家的大众经纪人，同时获得资本收益。

目前，国外已经有众筹平台为艺术家筹资，通过画展、艺术讲座、工艺品生产等方式帮助艺术家进行创业，其成功的商业模式吸引了大量的用户，并获得了较好的效果。

众筹平台不仅打通了艺术家与客户之间信息沟通的渠道，还借助众筹平台，让人人都可以参与艺术创作，吸引大量的艺术家和用户，增加客户的黏稠度，形成用户规模，提升众筹平台的用户价值。

4. 软件开发者的天使投资人

当前已经进入软件定义的世界，我们使用的很多智能产品，其实质就是软件功能。无论是智能家电、手机应用、可穿戴设备、智能医疗产品、大数据商业应用，其后面都是传感器加软件应用。

目前，软件应用正向 App（应用程序）的趋势发展，只需要几个软件开发工程师，就可以在几天的时间内完成开发工作，软件的开发工作正逐步从大规模的商业化生产走向具有独特洞察力的软件精英的发明创造。过去很多成功互联网企业，包括美丽拍、豆瓣、猜猜看，都印证了独立软件开发者的成功。独立软件的成功正在从团队合作模式的成功转向软件天才的成功。

借助众筹平台的融资功能，软件天才可以通过平台展现他们的创意，在得到资金支持后加速产品的开发。众筹平台带给他们的不仅是资金，还有对他们未来的支持和鼓励，同时也可以帮助他们找到志同道合的伙伴，收集大量的用户反馈。众筹平台可以成为软件开发天才的天使投资人，其没有其他天使投资人强势文化的缺点，尊重软件开发人才的自由成长，成为软件开发天才的忠实支持者和用户。

5. 社会企业和慈善事业的新平台

目前，我国的慈善事业正在从政府统筹、社会捐款的形式走向社会企业和个人独立发起慈善活动的形式，出现了各式各样的慈善平台和慈善方式，比较知名的如浙江金华的施乐会、李连杰的壹基金、腾讯公益等。众筹平台由于其自身的特点，很适合发布慈善活动。比如发起捐赠众筹，实现我为人人，人人为我的目标。公益慈善事业可以帮助更多需要帮助的人，实现社会的和谐正义。

借助众筹平台，可以发起形式不一的慈善活动，比如捐助钱款、捐赠衣物、义务支教、技能培训、产品销售、公益培训等。众筹平台的透明性较强，专款专用，有利于提高慈善活动的透明度，同时也有利于大众进行监督。平台可以收集慈善获益方的反馈，推动慈善事业的扩大发展。众筹平台也可以作为社会企业产品和服务的展现平台，帮助社会企业进行产品推广，增加人们对于社会企业的关注，支持社会企业的发展，同时众筹平台也可以提供资源整合，为社会企业发展提供良好的环境。

6. 社交活动的另一个平台

主题讲演、名人讲座、读书会、产品发布会都可以形成社交圈，这些线下的实体活动将可以通过众筹平台来组织，通过众筹平台建立一个成熟的社交圈子，聚集各式人才。

众筹平台的一端可以是财经作者、产品设计师、网络小说家、艺术家、自媒体人、影视剧本创作人、社会企业等，另外一端可以是用户、消费者、个体投资者、专业人士、投资机构等。众筹平台利用其平台优势，使人人参与产品设计，人人都是设计师，人人都是用户，人人都是消费者。众筹平台利用其平台优势，将创业人才和资金用户连接起来，有利于创业者自身事业的发展和产品的完善，同时也有利于社会资源的整合，为投资者提供投资平台，为愿意帮助别人的人提供舞台。

众筹平台通过以上商业模式，将产生巨大的商业价值，同时对社会资源合理配置起到了积极的作用。

众筹这种商业模式的主要积极意义在于，为个人创业者提供另一个人生舞台，为其提供资金和用户；为具有市场的产品提供重生舞台，避免资源浪费；帮助投资者实现个人梦想，同时也帮助他人，实现资本增值；打造专业的社会圈子，利用认知盈余，开启“人人时代”；为社会企业和慈善事业提供舞台，实现人人互助，推动社会公益发展。

第三章

产融众筹，颠覆传统

众筹事实上已从根本上颠覆了人们传统的筹资观念。无论是否发起过项目，但凡接触到众筹，人们很快就变得不一样了。看来，无论是寻找种子投资的创业者或者大公司合伙人，也无论是天使投资人或风险资金投资和私募股权基金的投资经理，甚至证监会官员或财务顾问，都必须透过现象把握众筹的精髓。

第一节　产融众筹模式你会吗

在互联网金融出现和美国的《JOBS 法案》实施以前，在全球所有受到监督的金融市场上，融资都是门槛高筑的事情。从某种意义上来说，投资、信贷都是持有昂贵经营牌照者的特权。

网络融资平台的出现令这一状况发生了改变，从 2011 年以来，以众筹为代表的互联网融资模式从美国传播到全世界，并在中国和其他新兴国家迅速崛起。从早期单纯的支付业务向转账汇款、跨境结算、小额信贷、现金及资产管理、供应链金融、基金和保险代销、信用卡还款等银行核心业务和股权融资等直接投资业务领域渗透，成为一股展现出颠覆性威胁的新兴金融力量。

一方面，互联网众筹模式的融资方式创设了崭新的融资渠道和融资业务形态，赢得了资金饥渴的项目方和小微企业的踊跃参与；另一方面，关于金融业垄断利润的猜想激励了投资者的热情和野心。两者结合，作为一种普惠金融，众筹使得人人都有机会成为天使投资人、公民投资者，展现出颠覆传统融资模式的无限想象空间。

产融众筹在我国还处于初期阶段，各种形式的产融众筹案例很多，但成功运作的项目却是凤毛麟角。成功运用产融众筹一定要考虑的三个属性是金融属性、平台属性、社群属性。产融众筹其实就是让你拥有

“五位一体”颠覆性的能量，在众筹中，每筹到一个人，这个人便将会有五重身份：消费者、传播者、销售者、合伙人、产品迭代的建议者；每一个人还拥有“三位一体”的使命感，即参与、归属、荣誉。接下来我们一起分享国内产融众筹的几个成功案例。

1. 3W 咖啡：会籍式众筹

许单单从一名互联网分析师，转型成知名创投平台“3W 咖啡”的创始人。“3W 咖啡”平台采用的就是众筹模式，其向社会公众进行资金募集，每个人 10 股，每股 6000 元，即一个人 6 万元。那时候，正是微博最火的时候，很快“3W 咖啡”汇集了一大帮知名创业者、投资人、企业高级管理人员，包括徐小平、沈南鹏、曾李青等数百位知名人士，股东阵容堪称华丽，“3W 咖啡”引爆了中国众筹式创业咖啡在 2012 年的流行。

几乎每个城市都出现了众筹式的“3W 咖啡”。3W 很快以创业咖啡为契机，将品牌衍生到了创业孵化器等领域。

3W 的游戏规则很简单，不是你有 6 万元就可以参与投资成为 3W 的股东，股东必须符合一定的条件。3W 强调的是互联网创业和投资圈的顶级圈子，而不是为了投入 6 万元未来可以带来分红而投资的，3W 给股东的价值回报在于圈子和人脉的价值。试想，如果投资人在 3W 中找到了一个好项目，那么多少个 6 万元都能赚回来。同样，创业者花 6 万元就可以认识大批同样优秀的创业者和投资人，既有人脉价值，也有学习价值，很多顶级企业家和投资人的智慧不是区区 6 万元可以买的。

在国外，英国的 M1NT Club（会籍式众筹股权俱乐部）在这方面也表现得淋漓尽致。M1NT 在英国有很多明星股东会员，并且设立了诸多门槛，它曾经拒绝过著名球星贝克汉姆，理由是当初贝克汉姆在皇家马德里足球俱乐部踢球，常驻西班牙，不常驻英国，因此不符合条件。后来 M1NT 在上海开办了俱乐部，也吸引了 500 个上海地区的富豪股东，主要以老外圈为主。

2. 大家投自众筹：天使式众筹

2012 年 12 月 10 日，李群林的“大家投”众筹网站上线。在之后的 10 个月内，他做了 5 件“大事”——给“大家投”众筹了一笔天使投资、推出“领投人 + 跟投人”的机制、推出先成立有限合伙企业再入股项目发起公司的投资人持股制度、推出资金托管产品“投付宝”，“大家投”有了第一个自己之外的成功案例。

下面我们来看一下李群林和他的众筹网站的故事：

李群林在创业之前是做技术和产品的，2012 年他有了创业的想法，无奈钱不够，想找投资却不认识天使投资人。环顾一圈，他发现，中国创业这么热，像他这样没有渠道推广自己的想法、苦于找投资人的创业者比比皆是。同时，除了那些能几十万甚至上百万投资的天使投资人之外，中国还有大把有点儿存款、闲钱的人。而且，目前中国的天使投资人还太少，远不能满足创业者的需求。李群林想到做一个众筹网站，把创业者的商业想法展示出来，把投资人汇聚起来，让他们更有效率地选择。

那时，中国最早的众筹网站“点名时间”已经推出 1 年多，最开始李群林也想上去碰碰运气，看看能不能先帮自己筹到项目资金。但他发现，点名时间采用的是预购的方式，就像当时法律规定的那样，众筹网站给支持者的回报不能涉及现金、股票等金融产品，也就是对支持者来说，参与众筹是一项购买行为。李群林觉得这对自己来说有些不实际，自己做互联网项目，推出的大多是虚拟产品和服务，而且鉴于中国互联网的免费特征，很难事先跟支持者约定回报的方式。李群林觉得这种认购的方式不仅对自己不适用，而且吸引力有限。买东西的动力不足，仅为了帮别人实现理想就拿出钱财支持这也不太适合国人的务实精神，至少难以扩散开来。李群林判断，把众筹作为一种购买行为会限制它的成长速度和规模，他觉得作为投资行为更符合大家参与众筹的需求。于是，他决定做一个股权融资模式的众筹网站。

第一个实验对象就是他自己的项目“大家投”，李群林把“大家投”的项目说明放在了网站上。那时，他的想法特别简单，创业者把自己的项目展示在网站上，设定目标金额和期限，投资人看了觉得不错就来沟通，然后投资人成为项目股东，投的人多了逐渐把钱凑齐。众筹完成，平台收取服务费。

不久，有人给他建议，这么搞是不行的。投资需要专业能力，投资人需要带动，最好是设立“领投人 + 跟投人”的机制，可以通过专业的投资人，把更多没有专业能力但有资金和投资意愿的人拉动起来，这样才能汇聚更多的投资力量。同时，在投资过程中和投资后的管理中，有一个总的执行人代表投资人进入项目公司董事会行使项目决策与监督权力。李群林采纳了这条建议，为“大家投”增加了这一条规则，投资人可以自行申请成为领投人，平台审核批准之后就可以获得这一资格。

“要想众筹得快，最好是创业者‘熟人 + 生人’的结合。”聊起现在网站上还没筹资成功的项目，李群林反复强调这句话。众筹是个汇聚陌生人的平台，创业者最好能先发动熟人支持自己，然后由这些熟人的行为带动平台上的陌生人。这是李群林的经验之谈，“大家投”在2014年年初的3个月时间内成功筹得100万元人民币，在项目团队只有自己一个人的情况下获得共计12位投资人的支持就是这样做到的。

大家投的12位投资人中，有投资经验的只有5个人。这有点像美国人所说的最早的种子资金应该来自于3F，即Family（家庭)、Friends（朋友）和Fool（傻瓜）。

在先被一些天使投资人拒绝之后，李群林把目光转向了微博与各类创投沙龙活动，在上面找认同他的人。最后，他找到深圳创新谷的合伙人余波，余波觉得大家投的股权融资众筹模式是当时能填补初创企业融资渠道空白、构筑微天使投资平台的业务模式，所以决定做一做这种金融创新背后的推手。于是，创新谷成为了“大家投”这个项目的第一个投资者，也是唯一一个机构投资者。有了创新谷的信用背书，“大家投”又成功吸引了后面11位跟投人。这12位投资人分别来自全国8个城市，6人参加了股东大会，5人远程办完了手续，这里面甚至有4人在完全没有接触项目的情况下决定投资。

大家投网站模式是：当创业项目在平台上发布后，吸引到足够数量的小额投资人（天使投资人)，并凑满融资额度后，投资人就按照各自出资比例成立有限合伙企业（领投人任普通合伙人，跟投人任有限合伙人)，再以该有限合伙企业法人身份入股被投项目公司，持有项目公司出让的股份。而融资成功后，作为中间平台的“大家投”则从中抽取2%的融资顾问费。

如同支付宝解决电子商务消费者和商家之间的信任问题，“大家投”将推出一个中间产品叫“投付宝”。简单而言，就是投资款托管，对项目感兴趣的投资人把投资款先打到由兴业银行托管的第三方账户，在公司正式注册验资的时候再拨款进公司。投付宝的好处是可以分批拨款，比如投资100万，先拨付25万，根据企业的产品或运营进度决定是否持续拨款。

对于创业者来讲，有了投资款托管后，投资人在认投项目时就需要将投资款转入托管账户，认投方可有效，这样就有效避免了以前投资人轻易反悔的情况，会大大提升创业者融资效率；由于投资人存放在托管账户中的资金是分批次转入被投企业，这样就大大降低了投资人的投资风险，投资人参与投资的积极性会大幅度提高，这样也会大幅度提高创业者的融资效率。

自从有了社交媒体，普通人的个人感召力也可以通过社交媒体传递到除朋友外的陌生人，使其获得更多资源、资金来创业。

3. 用众筹模式改变了媒体形态

2013 年最令人瞩目的是罗振宇的自媒体事件，它似乎也在证明众筹模式在内容生产和社群运营方面的潜力：罗振宇个人网络脱口秀节目《罗辑思维》发布了两次“史上最无理”的付费会员制——普通会员会费 200 元，铁杆会员会费 1200 元。付费会员不保证任何权益，罗振宇却筹集到了近千万元会费。爱就供养，不爱就观望，大家愿意众筹养活一个自己喜欢的自媒体节目。

而《罗辑思维》的选题，是专业的内容运营团队和热心“罗粉”共同确定，用的是“知识众筹”，主讲人罗振宇说过，自己读书再多知识积累毕竟有限，需要找来自不同领域的牛人一起玩。众筹参与者名曰“知识助理”，他们为《罗辑思维》每周五的视频节目策划选题，内容通过老罗来呈现。人民大学一位叫李源的同学因为对历史研究极透，老罗在视频中多次提及，也小火了一把。要知道，目前《罗辑思维》微信粉丝150余万，每期视频点击量均过百万。

罗振宇以前是央视制片人，正是为了摆脱传统媒体的层层审批和言论封闭而离开电视台，做起了自己的自媒体。靠粉丝为他众筹来养活自己，并且过得非常不错。这是自媒体人给传统媒体人的一次警示。

4. 乐童音乐众筹：专注于音乐项目

乐童音乐的创始人是马客，作为专注于做音乐的众筹网站，乐童音乐在音乐众筹、音乐周边的实物预售等方面已经取得了不小的成绩，在业内颇有名气。

马客认为，众筹模式已经改变了很多的行业和链条，这种方式很有价值。乐童音乐的主要支出是人力成本，所得融资会更多地去做产品，其在内容上也会有变化，多去拓展音乐衍生品、艺人演出方面，突破现有音乐产业模式，探讨更多新的可能。

当谈及乐童音乐融资成功的秘诀时，马客认为，除了明确的商业目标和未来规划，对于一个初创企业来说，投资人很看重团队的执行力，因为这会直接影响到企业的运作。

5. 乐视：开创利用众筹营销的先河

乐视网是国内知名的视频网站，它牵手众筹网发起世界杯互联网体育季活动，并上线首个众筹项目——“我签C罗你做主”，只要在规定期限内，集齐1万人支持（每人投资1元），项目就宣告成功，乐视网就会签约C罗作为2012年世界杯代言人。届时，所有支持者也会成为乐视网免费会员，并有机会参与一系列的后续活动。这可能是国内第一次用众筹方式邀请明星。

这次众筹具有非常重要的意义，可以说它开创了企业利用众筹模式进行营销的先河。

首先，乐视网利用了众筹模式潜在的用户调研功能。乐视网此次敢于发布签约 C 罗的项目，相信乐视网就早已准备好了要跟 C 罗签约世界杯，通过此次与众筹网联合，可以让乐视网在正式签约之前，进行一次用户调研。

其次，乐视网通过与众筹网的联合，给签约 C 罗代言世界杯活动进行了预热。乐视网充分利用了众筹潜在的社交和媒体属性，在世界杯还没到来的时候就做了充分的预热。

最后，乐视网可以借助此次活动拉动世界杯期间乐视网的收视率，并且为正式签约 C 罗之后的活动积累到用户。乐视网的这一创举，一方面让众筹网越来越多地进入大家的视线，另一方面也给整个众筹行业起到了带动作用。

6. HER COFFEE 咖啡：海归白富美众筹

这几年，以众筹为代表的互联网金融风生水起，然而也有折戟沉沙的例子，由 66 位海归白富美众筹的 HER COFFEE 咖啡店经营不到一年就濒临倒闭。在经历了起初的喧嚣后，如今越来越多的众筹咖啡店陷入了亏损窘境。

众筹咖啡店为何玩不转呢？

有人说过，每个女孩的内心深处都驻扎着几个梦想精灵，其中就包括开一家属于自己的咖啡店的梦想。只是过去敢把梦想变为现实的女孩少之又少，然而借助众筹的力量，2013 年 8 月，66 位来自各行各业的海归白富美，每人投资 2 万元，共筹集 132 万元在北京建外 SOHO 开了一家咖啡馆，名字叫 Her Coffee。

> 这些美女股东几乎都有国外名校的教育背景，大多就职于投行、基金、互联网行业，最初只是八九个人凑在一起想开个咖啡店，因为钱不够，于是又各自拉进来不少朋友，最后开了这家被称为“史上最多美女股东”的咖啡馆。
>
> 记得开业当天，影视明星李亚鹏，主持人王梁、李响，暴风影音首席执行官冯鑫，银泰网首席执行官廖斌等众多明星、企业家都前来捧场，好不热闹。
>
> 当初，这家咖啡店的股东们声称她们将会举办各种主题活动，以吸引创业女性来此聚集，可谁曾想到开业不到一年，却传出要关店的消息。股东之一的李彤说，目前她们确实在商讨这个问题。她说：“可能是一个准备吧，你有几个决定都需要通过股东大会嘛。比如说新的股东介入啊，没有的话是不是要暂时闭店，是不是要换地方啊。如果我们没有新的方案出来那就闭店，然后再选新地方。”

事实上，像 Her Coffee 这样的情况并非个案，2013 年长沙一家吸纳了 144 个股东的众筹咖啡馆，同样在摸索近一年后，因为持续亏损，正面临倒闭；杭州一家有 110 名股东的众筹咖啡馆开业一年半，同样没有实现过收支平衡。

然而非常有趣的一点是，几乎所有众筹咖啡店的小老板们，在当初开店时被问及如果今后经营业绩不佳该怎么办时，几乎清一色回答是“我们不以赢利为目的”。在他们看来，众筹咖啡店不但是一种很新颖有趣的创业形式，而且咖啡店本身所散发的小资情调和天然的交流平台的功能，才是他们最为看重的卖点。

但是“理想很丰满，现实很骨感”。不以赢利为目的并不代表亏钱了也无所谓。之所以不少众筹咖啡店在经营将近一年时传出面临倒闭的新闻，正是因为当初开店时众筹的原始资金只够第一年初始投资费用，即装修、家具、咖啡机等一次性硬件投入和第一年的租金。假如第一年咖啡店持续亏损，则意味着咖啡店只有两条出路：要不就是进行二次众筹，预先筹集到第二年的房租、原料、水电、员工等刚性成本，继续烧钱；要不就是关门歇业，一拍两散。

第二节　规划一个人人都想要的产融众筹项目

怎样规划一个众筹项目？

天冷了，想吃火锅，又懒得出去，怎么办呢？首先邀请五个人。给第一个人打电话：“顺路买点菜来，就差蔬菜了。”接着第二个人：“顺路买点羊肉，就差肉了。”然后第三个人：“顺路买点冻豆腐、各种丸子啥的，就差这个了。”之后第四个：“就差酒了。”最后第五个人：“火锅底料不够了，带点来。”然后，挂电话烧锅水坐等……

这是关于众筹的一个笑话，但也生动形象地描述了众筹，接下来分享两个案例，详细说明了众筹的项目发起和流程，以供参考。

1. 一家 KTV 股权式众筹

口号：每天 10 元，坐拥 KTV 东家，3000 元起投。

项目名称：大歌星量贩式 KTV。

项目规模：占地面积 5000 平米，总包间 80 个。

项目开业时间：2015 年 5 月 1 日（如不能如期开业立刻返还本金及违约金）。

项目位置：庆春广场××大厦五楼。

项目投资：项目方投资额为2100万元，占股比例70%。

众筹金额：3000元/份（每人最高限3份）。

众筹参与者要求：爱分享、爱生活、爱娱乐、爱唱歌的“四爱”小伙伴。

众筹发起人：贾宝华。

发起人投资金额：15万元。

发起人责任：投资前，项目的分析和评定；投资中，成立合伙企业和资金监管；投资后，项目运营、财务监管。

发起人收益：众筹参与者收回本金后，每半年向众筹发起方支付所占股份5%的利润分成。

预计KTV利润：每年50%。

分红频率：自开业1年半后，每半年进行一次分红。

保障条款：项目方承诺3年后回购股份（还众筹参与者本金），众筹参与者可选择继续持有股份。

3000元/份众筹股份能做什么？

可以获得3000元现金充值，无限制消费的现金充值；项目1年半回本后每半年对营业额进行分红；三年后项目方可允许股权转让；项目方返还众筹参与者等值股份的股东消费卡，消费完毕后可专享8折权利，股东享有店内专门的展示区，众筹参与者到店后，将显示您的个人形象，展示区有专门为股东服务的服务人员；项目方将为众筹参与者定期举办活动，形成股东的圈子。

2. 产后恢复旗舰连锁直营会籍奖励式众筹

下面是关于一家打造产后恢复旗舰连锁直营，三年上市的会籍奖励式案例。

口号：宠你所爱，坐拥75位掌舵人资格。

项目名称：美龄妈咪产后恢复旗舰连锁。

项目启动时间：2015年3月15日—2015年4月15日。

项目优势：每年城镇产孕人数约600万人，每人产后恢复消费3000元，一年就是180亿元；国家二胎政策开放，产孕人群激增；行业处于雏形状态，是进入的好时机；国内顶级专家团队顾问支持；国内一流营销团队；集团直投项目，众筹风险更小；统一的全媒体广告支持，形象代言人支持。

众筹掌舵人资格：个人净资产200万（有金融证明）；省市级美容专业行业前五名；有至少五人的成熟服务团队。

众筹金额：30万/份。

众筹发起人：美龄国际（法国）投资管理集团。

保障条款：项目方承诺取得掌舵人资格，三年内全国75家分店上线。

众筹英雄帖：

会籍30万元者：

获得美龄国际投资（美龄妈咪产后恢复、美龄美月月子会所）直营当地区域总经理资格；获得美龄产后项目美容渠道产品代理价50万元的产品；获得美龄国际投资（美龄妈咪产后恢复、美龄美月月子会所）当地直营店发起人资格（可发起众筹10人）；获得美龄妈咪产后恢复连锁“联合发起人”名额，载入项目宣传手册，并在相关网络、书籍附靓照一张，这将为你的人生画卷增添浓墨重彩的一笔；加入“美龄妈咪”解析微信群，与全国75位掌舵人共商事业大计；获得每年巴厘岛事业峰会一次（全程项目组承担费用）；自动加入中华产后恢复专业委员会理事，研究和编写产后标准化；众筹案例将载入《众筹——中小资本运作》一书，并赠送10本；返还2万元美龄妈咪产后恢复现金卡，任意消费，消费后享受9折特别优惠。

会籍50万元者：

获得美龄国际投资（美龄妈咪产后恢复、美龄美月月子会所）直营当地区域总经理资格；获得美龄产后项目美容渠道产品代理价50万元的产品；获得美龄国际投资（美龄妈咪产后恢复、美龄美月月子会所）当地直营店发起人资格（可发起众筹10人）；获得美龄妈咪产后恢复连锁“联合发起人”名额，载入项目宣传手册，并在相关网络、书籍附靓照一张，这将为你的人生画卷增添浓墨重彩的一笔；加入“美龄妈咪”解析微信群，与全国75位掌舵人共商事业大计；获得每年巴厘岛事业峰会一次（全程项目组承担费用）；自动加入中华产后恢复专业委员会常务理事，研究和编写产后标准化；众筹案例将载入《众筹——中小资本运作》一书，并配送50本；返还5万元美龄妈咪产后恢复现金卡，任意消费，消费后享受8.5折特别优惠。一年内确定当地第一家美龄妈咪产后恢复直营门店投资装修。

综合以上两个案例，产融众筹在这个充满机遇的时代能将利益最大化，资本最大化，将您的人脉圈子转化生钱圈、事业圈。

第三节　产融众筹模式推广与发起流程

众筹是舶来品，2011 年 7 月“点名时间”众筹平台上线，标志着众筹开始正式进入中国。随着众筹行业的不断发展，众筹平台的数目在不断增加。众筹平台发展目前尚属市场培育期，还未形成规模体系，但市场潜力巨大。

众筹平台上的参与者主要有三类：平台运营方、项目发起人和投资人。其中项目发起人是平台的核心人物，项目发起人又称为筹资人，其在众筹平台上发起项目并进行展示，包括产品的创意、内容等，并设定募资额度、募资期限、项目回报等要素。这些项目发起人的共同的特征是，有创意但是缺乏启动资金。随着众筹行业的发展，项目发起人的众筹目的已不仅限于资金的筹集，他们还希望通过众筹获得产品的用户体验价值、外部的技术支持和管理经验等帮助。

1. 对项目发起者的帮助

（1）项目需求分析

在众筹项目发起之前，需要确认本次项目的目的与想要达到的效果。

（2）可行的项目

确认众筹项目的需求之后，详细调研项目的可行性，同时需要进行项目包装，主要包括照片与视频拍摄、创意行销点找寻、营销推广策划、文字编辑、媒体资源整合等。

（3）营销推广策划执行

众筹项目通过众筹网站或者众筹平台发布之后，要根据推广策划方案进行项目推广。

（4）资金对接

项目除了在网上众筹资金外，还可以接触资金提供方，接洽资金进入的可行性。

（5）商业计划书撰写

项目筹资成功之后，下一步要撰写计划书，以获得更多资金方进入。如果项目筹资不成功，可以计划进行二次众筹。

（6）开放的经营管理平台

筹资成功后，可以外请优秀的创业团队进行创业经营辅导，经营管理团队运营，协助筹资项目做好创业准备，包括注册公司、商标设计与品牌推广、经营计划拟订、有效的管理机制、法律服务。

（7）创业圈人脉积累

公司孵化后，可以参与创业交流圈，与创业圈中的其他同业以及资金方机构进行交流，积累自己创业人脉。

（8）财务风险管控

公司孵化后，根据公司的财务状况，做好财务风险管控，包括风险管控、财务审查、现金流管理。

（9）经营人才招聘与培养

公司孵化后，可以根据行业特性，培养行业所需的专业人才。

2. 众筹项目发起流程

（1）登录网站

首先，使用您的众筹网账户登录众筹网站平台。如果您没有注册，请先进行注册并完善个人信息。

（2）发起项目

接着，单击众筹网站首页上的“发起项目”按钮，进入项目申请页面，并填写项目的相关信息。

第四章

圈子才是众筹的焦点

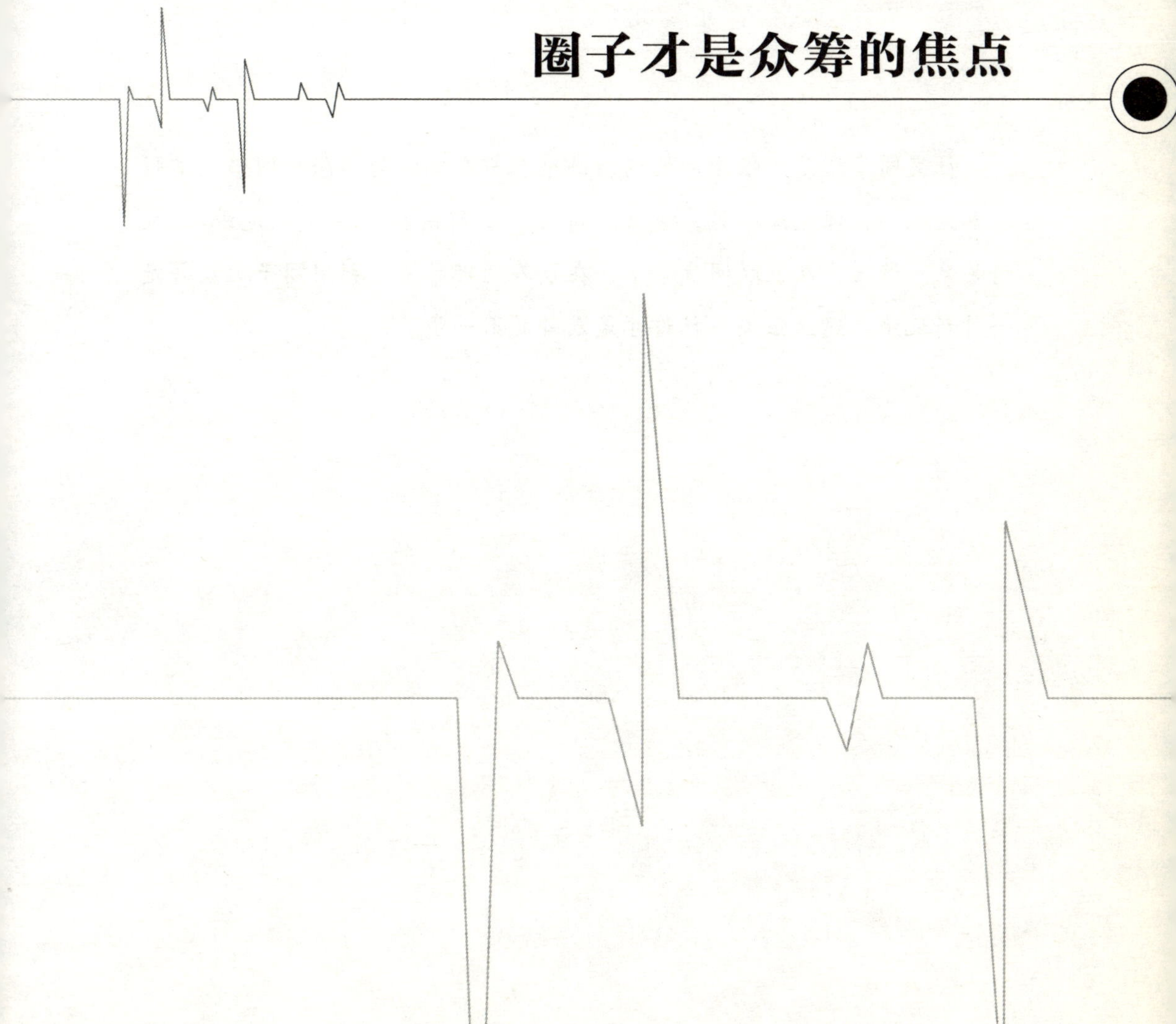

社交圈子就是一张无形的网，每个人都在编织着不同的网络。这张网或大或小，你见或不见，它就在那里。以前讲社交圈子就是讲人脉，讲关系。然而，在互联网背景下，在众筹的世界里，利用圈子玩众筹是一种新玩法。建立强关系社群才是众筹的第一步。

第一节　现代社会圈子形态分析

我们在第二章的开头部分分析圈子的种类，如微信朋友圈、微博圈子，这些都是基于互联网的圈子，其实，我们经常说到圈子更包括社会阶层的圈子。下面通过一个案例来了解一下圈子的这层含义。

W 女士与 L 女士虽然一位是私营企业的老板，一位是公务员，但“一般出行我们都一起，大家彼此关系很好，主要是我们的先生都有共同的爱好，都喜欢打高尔夫，所以我们出门的目的地都一定会有高尔夫球场。出国也好，还是在外地，肯定会选择风景好一点，居住环境好一点，一定有高尔夫球场的这种地方。”

W 女士还说，“我老公经常参加各种各样的协会，我也会跟着他去。”L 女士补充道：“我们老公所在的这些圈子里的人社会地位比较高，用车也是很高档的，但是都很低调。我们的圈子已经形成很久了，圈子里是固定的一些人，彼此都是很熟的。我们的孩子也都在中学时候送出国，去接受好的教育。”

通过 W 女士和 L 女士的描述，我们可以清晰描绘她们所在圈子的社交关系与行为：已婚，各自丈夫都喜好打高尔夫，甚至彼此是球友，圈子中几家人会相邀出行，度假场所必须配备高尔夫球场。这个人际圈中，彼此拥有相同的奋斗经历，并共享较为一致的价值取向，进而形成一个稳固也相对私密的社会圈子。而这种圈子结构中，成员之间的交流自然会深入到投资、教育等问题上。总之，当圈子形成后，圈内人的意见会成为重要的参考意见。

圈子可以是广义的一个具有相同社会属性的阶层，也可以是一个区域内本身具备很强的社会联系、社会属性相近的群体。圈子化是社会发展中必然的特征，这其中会产生明显的多个阶层的分化，也会产生同一阶层的有机融合。同一类人群具有相似的生活形态、艺术品位，很自然就会产生更多联系。

1. 充分利用你的圈子众筹

"物以类聚，人以群分"，这是一条流传甚久的社会定律。只有同一圈子的人，才能相互读懂；只有同一高度的人，才能坐而论道。反过来说，只有进入某个圈子，才有机会接触到这样一群有着某些共同点的人群，这也就是今天圈子众筹如此流行的原因。

许多投资者在选择众筹项目的时候，对项目的要求超出了一般的投资功能，他们要求项目能成为自己的一张身份名片，甚至可以利用项目形成有利于工作生活的社交圈。如此一来，同在一个圈子里的人群可以更好地维护彼此共同的利益，进而巩固这个圈子。

对特定圈子人群的特性进行全方位剖析，迎合他们的投资行为、投资习惯、生活形态、兴趣品位的众筹模式促成项目，"圈子众筹"由此诞生。它的基本原则就是小众化，其方式是直接和主动地进入投资者的生活圈中。

这样的理解可以说过于简单。事实上，圈子众筹不仅仅运用于创新项目，也广泛地出现在银行、服装、珠宝等其他市场。圈子众筹的手段也不仅仅局限在酒会、宴会上，还可以以商业活动、文化沙龙、校友联谊会等形式开展。

圈子众筹实质上就是在同一圈子里的人际传播，它正在成为未来投资市场的主要众筹手段之一。众筹项目通过目标锁定一个圈子或者营造一个圈子，制造该圈子的共同文化氛围、兴趣品位，从而形成一种归属感，达到圈子内部投资影响力的最大化。投资者尤其是其中的富裕阶层十分注重人脉网络，他们常会加入一些高端社交圈。高端社交圈中的成员之间具有很大的影响力，如果一个项目能得到其中一位成员的信任，由他推荐给其他成员，那么这个项目将迅速被整个圈子接受。

同时，圈子众筹也可以影响到圈子外部。项目可以利用其他投资者对圈子的高关注度，创造一种专属于某个圈子的投资品位和价值取向，影响那些羡慕或者想要加入这个圈子的投资群体，带动他们向高端圈子靠拢，促使他们模仿投资。

既然充分利用社会圈子关系可以达到一举多得的好处，那么，圈子众筹具体如何展开呢？

2. 圈子众筹方法论

(1) 准确划圈子

虽然同为投资阶层，但投资人的财富差别很大，根据他们的生活习惯、爱好等行为特征，以及对生活尺度、生活方式等方面认识的差异，对其进行准确划分，从而了解每一阶段不同圈子的独特的生活模式和心理需求。针对特定阶段的特定客群，有目的地进行推广活动。这一步主要涉及项目定位这个关键环节。

在项目定位上，投资项目所找到的圈子必须和项目的定位相一致。在项目设计初期，就应该研究目标圈子的特性，如艺术品位、消费习惯、兴趣爱好和价值观等。

(2) 寻找“圈中领袖”

每一个圈子中总会有影响其发展、具深远意义的重量级人物，并且在其圈子中有口碑，知名度高。这些重量级人物的意见和建议对其圈子客群有着不可估量的影响，他们具有很强的号召力，一举一动、一言一行往往具有领头羊（意见领袖）的作用。

可以邀请圈内核心人物体验项目，令他们产生认知度。邀请核心人物参与针对投资项目开展的一些活动，并由媒体记者进行跟踪报道，事后请其发表对项目的评价。圈中领袖这一关键节点的接触与到达，有纲举目张之效。

(3) 挖掘专属渠道

每一个客群圈子群获取信息来源的媒介是各不相同的，找出他们获取必要信息的来源渠道，针对核心渠道来源进行重点推广，利用这些渠道进行针对性传播，能够有效避免资源浪费，并扩大影响力。

利用核心人物，向他们灌输信息，强化信息的传递，根本目的是让他们向圈子内的目标投资者传递本项目信息，将好感觉、好评价告诉圈子目标投资者，扩大项目的影响力和知名度。

(4) 激发高品质活动品牌效应

针对不同阶段目标圈子的生活模式、心理需求等特征，根据他们特有的圈子活动，组织开展具有针对性的活动，可以聚集人气，使项目在圈子中产生足够的影响力，同时也使目标投资人体验项目诉求。

(5) 维护并保养圈子

圈子需要不断地付出才能维系，如果仅仅因为推广自己的众筹项目，一时搞很多活动，之后就悄然无声，便会失去主动，无法更好地维系圈子的内聚力。本来圈子之初的关系就较为薄弱，更需要通过阶段性活动拉近圈中投资者的距离，所以对圈子的维系和保养至关重要。

第二节　编织完善的人脉网络

要想通过众筹成就一番事业或迅速而稳定地壮大已有的事业，就必须善于编织人脉关系网，不管是线上的各种圈子，还是线下的各种人脉网络。只有具备了广泛而严密的关系网，才能够在关键时刻找到为自己解决困难的最佳人选。否则，等到问题出现时，你便会像一只无头苍蝇般到处乱闯，不仅花费了人力、物力，还不容易找到最得力的人。

1. 人脉是最有用的众筹资源

众筹项目发起人要想获得成功，需要具备两点优势：优秀的专业知识技能和超强的人脉网络。而且，在这两个主要因素中，人脉的作用要远远超过专业知识技能。

有人或许会问：既然人脉的作用这么重要，为什么不把大量精力都用在建立人脉关系上，何必要花费那么多的精力和时间去学习专业技能呢？原因有两点。

第一，人脉关系不能取代专业知识技能。众筹的目的主要是为了融资，但是融资不是项目发起人的最终目的，最终目的是融资之后的经营，给投资者带来回报。要想在某个行业崭露头角，必须要对这个行业了如指掌。不仅如此，熟悉相关行业的一些有价值的信息也非常重要。

这样做的好处如下：能够充分了解本行业中的最新信息，从而能够准确评估最新信息的价值大小，进而根据信息价值采取相应的行动，或者利用新信息来引导潮流，激起一股抢购热潮，或者紧跟潮流，不放过任何可以赢利的机会；能够发现新技术的实用价值，然后根据具体情况决定要不要引进，从而避免由设备、技术方面的落后造成自己的竞争实力下降。

第二，优秀的专业知识技能有利于建立人脉关系。建立人脉关系的根本目的还是为了促进自我发展，也就是能够保证在众筹成功以后，项目能够顺利进行。

在做项目的过程中，能够使客户产生合作兴趣的因素有很多，而专业知识技能就是众多因素中比较显著的一种因素。因为在与客户洽谈的时候，一旦自己有了过硬的专业知识技能，就能够从言语中表现出自己对本行业的专业和对本行业发展趋势的独到观点，让客户觉得找到了内行，从而愿意合作。如果合作能够进行得比较愉快，便会有第二次、第三次的合作。而且，合作方还可以介绍一些本行业的其他客户给你，让你的客户越来越多。

因此，众筹项目在运作之后，重视人脉的同时，也不能忽视专业知识技能的培养。

要想成就一番超出常人的事业，就应该抛弃常人的肤浅眼光，不为眼前利益蒙蔽，更注重做长远投资，建立稳固而又完善的人脉关系网是长远投资的方式之一。

其实，只要稍微留神，就能发现人脉的重要性。

人们常说："无论做什么事情，都要眼观六路、耳听八方。"众筹项目也不例外。只有这样，才能够保证万无一失。但是这句话说起来容易，做起来却相当有难度。因为，每个人的生存空间和接触的事物都存在一定的局限性，如果没有他人的帮助，要想与外界进行零距离的沟通，简直是天方夜谭。我们也许会因不能对外界的情况有全面的了解而造成在做事情的时候功亏一篑，也许受到不准确信息的误导而采取了错误的做事方式，也许会在面对困难时显得不知所措。

随着社会竞争激烈程度的加深，优胜劣汰已经成为社会常态。这种现象虽然带给了人们更多的压力，让人们感到残忍，但只要活在世上一天，只要想出人头地，就无法与这种现象告别。

优劣之分，也就是人与人之间的实力差异。一个人的实力大小包括很多方面，常见的有以下几种：资金、社会地位和人脉关系。这些因素之间相互联系，如果将它们有效结合，它们便能够产生相得益彰的效果；但如果将它们完全分离，它们各自的作用将会黯然失色。

比如，有人拥有大量的资金，本想利用这些资金来成就一番事业，结果却因为难以找到合作伙伴而将这些钱存入利率非常低的银行；有人却能够通过人脉关系找到发展势头良好的行业和志同道合的合作伙伴，从而加速资金的积累。当然，通过朋友圈参与众筹就是一个很不错的渠道。有人虽然有着很高的地位，却将自己的“名人效应”白白浪费掉；而有些人却凭着自己的“名人效应”参加各种各样的赢利活动，如拍广告、参加演唱会等。

在资金、社会地位和人脉关系中，人脉关系的作用显得较为重要。当与众多竞争者站在同一起跑线上时，前面有人把你向前拉，后面有人把你向前推，你的前进速度自然比其他竞争者快；相反，如果前面有人把你向后推，后面有人把你向后拉，你不仅难以前进，甚至有倒退的可能。

俗话说：“一人抬十人难，十人抬一人易。”这个道理用在众筹上再恰当不过。如果项目在发起阶段，就能够不断得到支持者的帮助，成功也就容易得多。为了能够得到更多人的支持和帮助，就要学会与他人建立起良好的人际关系。无论是在生活中还是在工作中，我们都会遇到各种各样的人。在这些人中，往往存在着一些对你事业有帮助的人，至于你能不能得到他们的帮助，关键在于你愿不愿意与他们打交道。

善于发展人脉关系的人是标准的生意高手。他们不会放过任何与人交往的时机，宴会、会议室、酒吧、街角、洽谈公事、私人聚会等都是他们编织人脉网的好时机。正因为他们的孜孜不倦，他们的人脉关系网越来越大，而且网丝也越来越密。不管在生活或工作中遇到什么样的问题，他们都能够找到合适的人愿意帮助自己或与自己进行愉快地合作。正因为如此，他们生活中的烦恼越来越少，生意也越做越顺。

2. 圈子才是通向财富的捷径

财富的积累需要一定的过程，至于这个过程的时间有多长，则取决于自己。有人说："成功的捷径便是不断努力，一步步向自己的目标靠近。"的确，付出总会有回报，只要不断努力，就能够取得成功。

但要注意的是，激烈的社会竞争已经把成功重新定义。在当今"互联网"时代，不经意间可能就会有成功的案例，就会有创新的模式。因此，如何抓住时代的激流，运用强关系社交圈子创造财富就至关重要。记得曾经阅读过知名作家姚骏骊先生的一篇关于圈子的文章，它揭示了圈子的意义。

> 所谓圈子，就是同类人的群体。QQ 上叫群，微信上称朋友圈，社会上叫圈子。
>
> 圈子一般是圆的，分圈内圈外，是在一定范围内对于相对固定关系的一种习惯说法。有了圈子，就与非圈子的人有了区别，有了

排斥，有了对抗。圈子一般相对稳定，虽然圈子有大有小，能伸能缩，在不同的时间、不同的环境、不同的外力作用下发生变化。通俗地讲，家庭、团队、单位、社区、城市、乡村都是圈子。物以类聚，人以群分。于是就有了党政圈、企业圈、文化圈，若要细分，就会有演艺圈、作家圈、医生圈、记者圈、饮食圈、娱乐圈等。

有了圈子，就有了规矩，用中国的老话讲就是“无规矩不成方圆”。

观世音菩萨为了让孙悟空一心一意保唐僧到西天取经，给了唐僧一个圈子和一段咒语。叮嘱唐僧务必给孙悟空戴上，当孙悟空不听话时唐僧就念咒语。这个圈子就叫紧箍咒，咒语便是惩罚孙大圣的规矩。取经途中，险象环生，每当走进崇山峻岭、荒野之地，就是唐僧师徒4人饥肠辘辘、困倦交迫的时候，也是妖怪出没，偷袭唐僧的危险之际。每每这时，化斋、化缘、讨饭、觅食的任务就落在了孙悟空身上。孙悟空怕师父及八戒、沙僧被妖魔掠走，就用金箍棒在地上画了一个圈子，反复强调无论遇到什么情况都不要走出圈子。孰料悟空一走，白骨精便变作一位村姑，挎着篮子谎称给父母送饭，诱得贪吃、贪色、肠胃大的八戒垂涎欲滴，进而八戒率先走出圈子，唐僧及沙僧遂放松警惕，正在妖精准备掠走唐僧时，孙悟空及时赶到，一声断喝：“大胆妖怪，哪里走？请吃我老孙一棒！”妖精化作一缕青烟随风而去，篮子里的馒头也成了石头。唐僧埋怨悟空将好人打死，悟空讨厌师父人妖不分，争执不下，唐僧便念紧箍咒，疼得猴子满地打滚，连连求饶。接着，妖精又先后变作老妇、老头，均被悟空识破并打死，唐僧看悟空连伤三条人命，便将孙悟空撵回了花果山。这就是脍炙人口的孙悟空“三打白骨精”的故事。

唐僧的失误是走出了圈子，悟空的缺位是离开了圈子，悟空的烦恼就是头上的圈子（紧箍咒）。历经九九八十一难，唐僧率众徒弟到达西天，取回真经，都得道成佛，悟空一摸自己的头，紧箍咒突然神奇地消失了，因为他们又步入到了一个更大的新圈子。

圈子就是人脉，也就是财脉，善于经营人脉的人便是一个擅长积累财富的人。为了能够用有限的资本创造出无限的财富，每个人都应该积极地通过各种方式接触各个行业的人，从而扩大自己的人脉圈子，相互帮助、相互支持、相互成就。

第三节　服务才是做好产融众筹的第一步

以美国最大的国际化众筹融资平台 IndieGoGo 为例，其创建于 2008 年，在基本业务流程方面，IndieGoGo 通过自身平台向大众推介多种多样的融资项目，甚至包括为慈善事业融资。其服务的群体更是不拘泥本土，而是放眼全球。

自成立以来，IndieGoGo 已经为 212 个国家的 65000 个项目提供了融资。2012 年年底，该平台也获得了大约 150 万美元的风险投资。

1. 服务态度决定众筹的成败

服务的态度非常重要。服务态度主要包括：积极、热情、诚恳、礼貌、尊重、亲切、友好、谅解、安慰等。简单描述就是想别人所想的，做别人想要的。

众筹是让投资者拿出真金白银或者分享身边资源的行动，发起方必须认真对待，涉及钱的项目都是很严肃的，不能当作儿戏。

拿某个线下发起的众筹案例来讲：一个眼镜项目，发起方在自建的一个众筹大群发起项目，众筹的回报其中一条是五年内免费更换新款眼镜，群内成员大多数都跟投，三天时间跟投 480 人，众筹金额达 58 万元。按理说，这样的圈层众筹比较成功，可是众筹成功半个月后很多人在群内陆续发问：这个眼镜项目的负责人是谁？这个项目进度是什么？有没有人答复啊？类似这样的案例，其实在很多众筹案例中都有，没有了服务的态度，众筹的未来将会蒙上一个又一个小污点。

2. 服务意识决定众筹的信任度

服务意识的内涵是：它是发自内心的，是一种本能和习惯。服务意识是可以通过培养、教育训练形成的。

服务意识有强烈与淡漠之分。对服务的重要意义认识深刻，就会有强烈的服务意识；有强烈展现个人才华、体现人生价值的观念，就会有强烈的服务意识；有以公司为家、热爱集体、无私奉献的风格和精神，就会有强烈的服务意识。

在市场经济条件下，“服务”已经成为企业核心竞争力之一。比如，海尔公司提出“海尔，真诚到永远”的口号，这实际上就是希望通过建立差异化的服务来取得市场竞争优势。好的服务是由服务意识开始的。

众筹项目的发起方或平台方必须具有服务意识，这才是真正服务的开始。服务意识越强，往往体现在主动服务上；而服务意识越淡，更多地体现在被动服务上，这种情况下提供服务更像是完成任务。众筹作为一种较新的商业行为，在发展的初始阶段，不能高高在上，要以服务的心态来培育市场，用服务意识来建立众筹的未来。

3. 避免众筹“浮夸”心态

《2014 年（上）中国众筹行业报告》显示，2014 年上半年，众筹平台发起目标资金总额约为人民币 218866. 64 万元，募集资金总额约为人民币 23232. 13 万元。众筹汇首席执行官叶霆宇认为，实际募集金额大约为目标金额的1/10，很多创业团队都希望借着众筹平台实现一夜逆袭，这凸显了项目发起人的浮躁心态。其中“梦立方”的项目发起人最为“浮夸”，发起的目标资金占行业投资总额的20.597%，而实际成功的项目寥寥。

（1）创新、经验两缺乏

众筹项目的发起人一般经验积累不够，导致项目数量相对较少且创新缺乏。目前，国内众筹大多在智能硬件范畴内，在设计理念上大同小异，有浓厚的“模仿色彩”，因此也难以吸引投资人目光。

项目在线下被投资者拒绝后，并不影响项目在下一个投资人处的评价。但项目在线上参加众筹后极大提高了曝光度，增加了项目融资的透明度；一旦众筹失败，不仅会大大打击创业团队的士气，而且投资人就难以再伸出橄榄枝，更难在众筹平台获得二次融资的机会。

（2）项目执行拖延滞后

项目之所以能够众筹成功，很大程度上在于投资人对发起人的信任度，但是项目发起人在后来的执行中往往会出现很多问题，辜负投资人的信任。

比如，众筹成功的产品具有一定的独特性，但由于发起人本身在产品的生产工艺、技术力量、生产经验等方面存有缺陷，难以如约对产品进行批量生产。也许这些客观因素还能被投资人理解或接受，但由于项目发起人本身的不负责、偷懒等因素，导致产品延期发布或产品质量与预期宣传差距甚大，这对于投资人而言除了表达愤慨之外只能选择等待，严重影响投资热情。

随着众筹的发展，投资人会对项目的发展和项目的执行要求越来越高，那些缺乏责任心的项目发起人估计以后难以再获得信任。

（3）不愿参与市场培育

中国互联网市场受电商巨头影响大，淘宝、京东、百度等巨头已经在搅局众筹；加上互联网模仿、抄袭盛行，很多创业者不愿意在众筹平台上曝光，宁愿线下寻找风险投资。

而那些拥有成熟项目又愿意参与众筹的创业者，却对国内众筹平台不满意。他们认为国内众筹市场尚处于培育期，不愿意拿自己的项目在市场上试水，因此不少优秀项目在国外平台 Kickstarter 登录。

所以，只有让更多的人了解众筹，众筹市场才会慢慢被培育起来，曝光度也会进一步增大。当然，如果目的不纯的项目发起者或是考虑尚未成熟的投资人盲目参与众筹，也会进一步搅乱众筹行业。所以，无论是项目发起者还是投资人，都需要保持积极健康的心态，理性看待众筹项目，量力而行，这样众筹行业才能良性发展。

第四节　平台交流才是产融众筹的关键

众筹被称为“低门槛创业神器”，无论是众筹网、“点名时间”等中文众筹网站，还是 Kickstarter、IndieGoGo 等国外众筹网站，只要拿起鼠标，任何人都可以发起项目向社会筹资。

然而，跳过了与银行和注资方绞尽脑汁的周旋过程，并不意味着就能让人们快速掏钱埋单。事实上，众筹成功之精髓在于发动众人，将“打动”一人的难度分摊到茫茫互联网用户群中。众筹是机遇也是挑战，并且非常考验一个人的社会交际能力。

1. 社交网络：众筹的扩音器

即使仅仅把精力放在搭建某众筹平台的项目页面上，即使众筹平台本身再有名、项目描述得再图文并茂，也难免形同守株待兔。众筹网站上同时推出的项目众多，涵盖科技、美食、文艺等方方面面，极其容易分散人们的注意力，这时候，就需要社交网络的助力，让项目的创意被更多人所了解。

社交网络在众筹领域担任着扩音器的角色，不同的社交途径和平台犹如不同品牌的音响设备一样，有着不同的传播质量。现实生活中，个人魅力和名声越大，做起事情来就越容易，这也是合理利用人脉的结果。而在互联网上，巧用社交网络将会使你的项目成为茫茫互联网用户群中的磁石，将真正适合的人群吸引到项目上来，而非靠小团队以卵击石之力去大海捞针。

线下推广众筹的社交途径包括在亲朋好友之间介绍自己的创意，通过抓住对方的好奇心和需求，让对方认可自己的项目，再通过口口相传把自己的创意推荐给更多的人。

除此之外，线下发展社交的途径还包括主动寻找、利用媒体资源，将自己的项目创意与该领域的媒体记者进行交流探讨，细心听取意见，配合媒体报道需求提供资料，将项目的创意在业内传播开来。如果有幸获得行业权威人士的公开点评，必将受益匪浅。

由于众筹需要尽可能多地发动大众，让大家一起来支持某个项目和创意，因此社交网络是必不可少的线上推广途径。利用社交网络推广自己的众筹项目并非单纯地在不同网络平台上发布同一事件信息，而是需要选择目标受众聚集的平台，为自己的项目公关，与网友发起互动，甚至公开接受各种发问并将答案做到滴水不漏，这些才是利用线上社交平台推广众筹的关键所在。

2. 社交平台：把普通用户变成 Backers（支持者）和 Owners（所有者）

曾有人说，少数中国人参与众筹的动机可能是基于项目的升值潜能，始终离不开投融资那套评估体系；而很多西方人参与众筹更多的是基于公益性或个人的梦想，纯粹是出于支持新鲜事物的消遣娱乐心理。事实上，正是因为有了成熟的社交平台的辅助，众筹在不同的文化环境中才变得越来越多元化。

在中国，最常见的众筹模式依然是奖励众筹。从商业和资金流动的角度来看，奖励众筹的所有项目不以股权或者是资金作为回报，项目发起人不能向支持者许诺任何资金上的受益，而必须以实物、服务或者媒体内容作为回报。

然而社交平台为人们的沟通交流提供了极大的便利性，让出资者有了更多参与其中的动力。大家聚在虚拟平台上从零开始筹划一个项目，一笔一画地勾勒出轮廓并填充完整。这一过程赋予人们主人翁般的存在感，有了既是 backers（支持者），也是 Owners（所有者）的感觉。

因此，社交平台的发展成熟为众筹模式注入了更多的新鲜血液，通过社交平台，我们不仅仅可以筹集资金，还可以筹集创意和人员。借助社交平台的力量，众筹的凝聚力变得更强，效率也更高。

如今，越来越多收入稳定、视野开阔的年轻人倾向于通过事先报名、计算人数、分摊费用的方式举行不定期的聚会，这便是众筹的社交衍生。

此外，电影等文化产品也在众筹领域快速发展，越来越多充满创造性的普通大众通过出资捐助的方式参与到制作团队的讨论中，成为创作者，大大增强了自己的参与感。社交平台与众筹已经在潜移默化中互相融合。

第五章

众筹法律风险的规避与援助

成功总是与失败共存，机会背后总是与风险相伴，众筹也不例外。以全程公开透明的方式筹款的众筹行为，是否也存在信用违约呢？它的潜在危险有哪些呢？众筹在中国才刚刚起步，它的发展希望获得哪些法律援助？与之相对应的现行的法律监管如何跟上？

第一节　众筹风险的规避

众筹平台的建设过程是全新的资本市场底层结构重构的过程，考察国内众筹平台的运营模式，不难发现风险可能存在众筹的各个环节当中。

1. 中国式众筹存在哪些法律风险

根据我国线上众筹（众筹平台）及线下众筹（无众筹平台）的模式，结合国内现行的法律法规，众筹可能面临诸多法律风险。

有人曾说："对于传统互联网创业者来说，如果失败了可以从头再来，最多是面临巨大经济损失甚至破产，而对于互联网金融创业者而言，如果逾越了法律红线，则可能进去出不来了。"这充分说明以众筹为代表的互联网金融可能存在巨大的法律风险。因此，我们必须了解众筹所面临的法律风险和难题。

（1）刑事法律风险

结合我国刑法来看，众筹可能面临如下几类刑事犯罪法律风险：

①非法吸收公众存款罪

众筹在中国的法律背景下可能遇到的第一个刑事法律风险，就是非法吸收公众存款罪。下面通过两个案例来认识一下非法吸收公众存款罪。

案例一：

华安公司于2004年9月登记成立，黄应龙担任该公司法定代表人。因经营煤炭需要资金周转，华安公司于2006—2009年，以高息为诱饵，通过黄应龙及其他人的介绍，以借款的形式先后向钱俊锋、顾进、海阳公司等个人和单位吸收资金，合计人民币13196万元，用于该公司经营煤炭，造成被害人及被害单位经济损失7967万元。2009年7月28日，黄应龙主动到公安机关投案，交代了主要犯罪事实。

海安县法院认为，华安公司因经营煤炭需要周转资金，未经中国人民银行批准，以高息回报为诱饵，单独或伙同他人向社会不特定对象吸收资金，扰乱金融秩序，数额巨大，其行为已构成非法吸收公众存款罪；黄应龙系单位犯罪直接负责的主管人员，依法应当以非法吸收公众存款罪追究其刑事责任。华安公司在共同犯罪中起主要作用，系主犯。根据被告单位和被告人犯罪及量刑情节，于2010年6月依法判处华安公司罚金人民币49万元；判处黄应龙有期徒刑九年六个月，并处罚金人民币45万元。

案例二：

2005—2008年，被告人李广盛未经中国人民银行批准，自制“全国农村合作社云安代办站凭证”，承诺以银行同期利息结算，先后向附近群众非法吸收存款1029人次，共计人民币361万余元。至案发时尚有376人次，共计人民币148万余元未兑付。案发后被告人李广盛及其家人退赃计人民币82万余元，用物品给群众折款

11万元，实际造成损失人民币55万余元。

射阳县法院认为，被告人李广盛非法自制凭证，吸收公众存款，扰乱金融秩序，数额巨大，其行为已构成非法吸收公众存款罪，依法应予以惩处。根据被告人犯罪及量刑情节，于2012年2月依法判处李广盛有期徒刑四年，并处罚金人民币10万元。

通过以上两个案例，可以看出非法吸收公众存款罪的显著特征是：未经中国人民银行批准，擅自向社会不特定的公众吸收资金，承诺回报，最终造成了经济损失。以上两个案例中的被告人犯的就是典型的非法吸收公众存款罪。

根据我国《刑法》第176条的司法解释，个人实施非法吸收公众存款，只要数额在20万元以上或者人数在30户以上即被追究刑事责任；单位实施非法吸收公众存款，只要数额在100万元以上或者人数在150户以上即被追究刑事责任。

很多人对非法集资有种误解，认为只要不公开，只要对象不超过200人就不算非法集资。其实这是一种错误的认识，是把非法集资与非法证券类犯罪的立案标准搞混淆了。

②集资诈骗罪

众筹在中国的法制环境下可能面临的第二个刑事法律风险就是触犯集资诈骗罪。该罪比非法吸收公众存款罪更严重，下面通过一个案例来认识一下集资诈骗罪。

被告人吴英于2003—2005年在东阳市开办美容店、理发休闲屋期间，以合伙或投资等为名高息集资，欠下巨额债务。为还债，吴英继续非法集资。2005年5月—2007年1月，吴英以给付高额利息为诱饵，先后从林卫平等11人处非法集资人民币7.7亿余元，用于偿付集资款本息、购买房产等，实际诈骗金额为3.8亿余元。

2012年5月21日，浙江最高人民法院经重新审理后，以集资诈骗罪判处吴英死刑，缓期二年执行。

根据《刑法》第192条规定，集资诈骗罪是指以非法占有为目的，使用诈骗方法非法集资，且数额较大的行为。集资诈骗犯罪性质比非法吸收公众存款犯罪更为恶劣严重，最高可以处以十年以上有期徒刑或者无期徒刑。

由上述规定可见，刑法对于非法集资类犯罪采取了极其严厉的立法态度，甚至将集资诈骗类犯罪定为重刑。而众筹的大众参与集资的特点极容易与非法集资关联起来，因此，涉及资金类众筹与非法集资存在着天然的联系，犹如处于楚河汉界两边一样，稍有不慎出现越界，就有可能触犯非法集资的法律红线，涉嫌非法集资类犯罪。

最容易触犯上述两大非法集资类犯罪的是债权类众筹。如果采用资金池的方法吸收大量资金为平台所用或者转贷他人获取高额利息，则该类债权众筹存在极大的法律风险，一旦达到刑事立案标准，则可能涉嫌非法吸收公众存款罪。如果债权类众筹虚构项目，将吸收的资金挪作他用或者用于挥霍，或者卷款跑路，则该类债权众筹涉嫌集资诈骗罪。

③欺诈发行证券罪

众筹可能涉及的非法证券类犯罪就是欺诈发行证券罪，虽然对于大多数众筹而言，不太可能去发行根本不存在的股份，但是夸大公司股份价值和实际财务状况还是可能存在的。因此，我们需要充分认识该类犯罪的实质。具体可以从下面这个案例谈起。

A公司为某省高新技术企业，专注于数据存储设备。2007年，A公司准备上市，但因为销售收入、营业利润等达不到标准，董事会开会决定让其主管会计王某修改利润报表数据30余处，导致后期招股说明书中数据与事实严重不符。2010年7月，公司侥幸成功在某证券交易所上市。上市后，公司赢利能力有限，股票走势低迷，股民和网民联合自发搜索公司上市文件，发现该公司粉饰会计报表隐瞒事实真相，遂举报至证监会，后该案进入刑事侦查，被以欺诈发行证券罪立案查处。

我国刑法第160条规定：在招股说明书、认股书、公司、企业债券募集办法中隐瞒重要事实或者编造重大虚假内容，发行股票或者公司、企业债券，数额巨大、后果严重或者有其他严重情节的，处五年以下有期徒刑或者拘役，并处或者单处非法募集资金金额百分之一以上百分之五以下罚金。

④擅自发行证券罪

擅自发行证券罪可能正如影随形地在等着股权类众筹的发起人不慎落网。该类犯罪“天生与股权类众筹有缘”，在当下也是股权类众筹最容易触碰和最忌惮的刑事犯罪。那么我们先通过下面这个具体的案例说起。

2004年，梁朝榕筹建了好一生股份公司，并于2005年将好一生股份公司的股票通过西安联合技术产权交易所挂牌。在未经证监部门备案核准的情况下，梁朝榕以每股1～3.8元不等的价格向社会公众签订了《股权转让协议》，发行好一生股份公司的“原始股票”。此外，好一生公司还组织业务人员在南宁街头摆摊设点向公众推销，以现金方式认购。在销售时，好一生公司对外虚假宣称保证每年向股东分红不少于每股人民币0.10元，股票持有人可在技术产权交易中心自由交易。同时承诺，公司股票若在2008年12月

30日前不能在国内或海外上市，公司就以双倍价格回购。

2007年12月，南宁市青秀区人民检察院向南宁市青秀区人民法院提起公诉。2008年4月，南宁市青秀区人民法院一审判决好一生公司犯擅自发行股票罪，判处罚金人民币10万元；被告人梁朝榕犯擅自发行股票罪，判处有期徒刑三年。

上述案例就是典型的擅自发行证券罪，根据《刑法》第179条规定，公开发行股份必须依法经国家有关主管部门批准，否则可能涉嫌非法证券类犯罪。而股权类众筹最有可能触犯的就是擅自发行股份罪。如果股权众筹平台或者发起人发起股权众筹，以公开的方式向社会不特定的公众招募，或者向超过200位特定人公开募集股份，则构成擅自发行股份罪。

由此可见，债权类众筹最可能触犯的是非法吸收公众存款罪、集资诈骗罪；股权类众筹最可能触犯的是虚假发行证券罪及擅自发行证券罪。规范类运作的奖励类众筹和捐赠类众筹，一般不会有触犯刑事法律的风险。如果假借众筹从事犯罪活动，则可能触犯集资诈骗犯罪。

除了上述几类主要刑事法律风险之外，作为众筹的平台，还可能面临虚假广告犯罪和非法经营犯罪的法律风险。简要介绍如下：

⑤虚假广告犯罪

如果众筹平台应知或明知众筹项目存在虚假或扩大宣传的行为而仍然予以发布，并且造成了严重的后果，达到了刑事立案标准，则涉嫌虚假广告犯罪。

⑥非法经营犯罪

如果众筹平台未经批准，在平台上擅自销售有关的金融产品或产品，并且造成了严重后果，达到了刑事立案标准，则涉嫌非法经营犯罪。

（2）行政法律风险

与刑事犯罪法律风险相对应，就目前看，众筹在中国可能会遇到如下几类行政违法风险：

①证券类行政违法行为

如果未经批准擅自公开发行股份，在未达到刑事立案标准的情况下，则构成行政违法行为，依法承担行政违法责任，由国家证券监督机关给予行政处罚。

②非法集资类行政违法行为

如果非法集资行为未达到刑事立案标准，则构成行政违法行为，依法承担行政违法责任，由中国人民银行给予行政处罚。

③虚假广告行政违法

如果众筹平台应知或明知众筹项目存在虚假或扩大宣传的行为而仍然予以发布，但尚未达到刑事立案标准，则涉嫌虚假广告行政违法。

④非法经营行政违法

如果众筹平台未经批准，在平台上擅自销售有关的金融产品或产品，但尚未达到刑事立案标准，则涉嫌非法经营行政违法。

（3）民事法律风险

众筹除了要面对刑事法律风险和行政违法风险之外，还可能面临民事法律风险。由于众筹天然存在的大众参与集资模式必然涉及人数众多，这必将导致大家利益安排不一致，关切点也不尽相同。所以，必然会伴随如下民事法律风险发生。

①合同违约纠纷

众筹最可能存在的合同违约纠纷，主要表现在产品质量不符合约定，交货期不符合约定，不能如期提交约定回报结果，不能如期还款造成的债务纠纷，等等。

②股权争议

股权类众筹还可能引发股权纠纷及公司治理有关的纠纷。此外，对于采取股权代持方式的股权类众筹，还可能存在股权代持纠纷等。

③退出纠纷

股权类众筹还涉及退出问题，如果没有事先设计好退出机制或者对退出方式设计不当，极容易引发大量的纠纷。

（4）民事诉讼程序上的问题

除了上述三类民事实体上存在的法律风险之外，众筹在民事诉讼程序上也存在诸多问题，比如诉讼主体资格确定问题、集团诉讼问题、电子证据认定问题、损失标准确定问题、刑民交叉及刑事附带民事诉讼等诸多程序问题。

因此对于众筹，我们不仅要考虑不能触碰刑事法律红线、行政违法法律红线，而且在模式设计上，需要严格履行有关法律手续，完善有关法律文件，设定好众筹规则，将每一个操作流程进行细化，然后用一个个法律文件固化下来，保证众筹的顺利进行，避免不必要的民事法律争议发生。一旦发生纠纷，对众筹成败影响极大。

2. 众筹潜在危机的预防与化解

（1）众筹模式的风险揭示

众筹是一种具有巨大发展前景的创新经济模式，但也正是因为其“新”，我国诸多配套的法律制度若无法迅速跟上，将会导致众筹平台相对于传统的融资平台含有更大的风险。

①政策风险

如果众筹行业政策出台，对众筹项目投资人的数量、单笔投资金额做了明确规定，那么无论是奖励众筹还是股权众筹，投资者都将面临项目已募集资金因不符合政策规定被返回的风险，这样在从项目成立起到项目资金返回期间的时间成本将成为投资者主要面临的风险。

而目前我国众筹领域各主体涉及的法律问题并不是一个监管政策就能全部涵盖的，整个法制体系的完备才能对该领域的发展起到良好的监督、指导、服务作用。

②股权众筹项目的真实性风险

股权众筹项目的投资人一般由领投人、普通投资人组成，针对筹资金额较高的项目，应积极与其他投资人、平台、筹资人进行沟通，对筹资人背景、资产、项目方案、项目同业竞争等情况进行详细了解，确保项目的真实性。投资金额过大的，对于筹资人的创业经历、创业团队成员情况、提供的项目方案、资产负债等情况需要进行实地调研。

③众筹平台所带来的风险

当下，我国大多数众筹平台对项目方、投资方均是免费的，而用户免费一直是互联网企业在发展过程中秉持的一条重要原则，随着平台发展加速分化，规模较大、发展较早的平台融资轮数及规模受到各方的重视，其估值也逐步提高，此背景下，平台的赢利模式将受更多股东及投资者的关注，是否能永久持续地对投资、筹资主体免费也是需要关注的重点。

（2）众筹风险规避的方法

①模式选择

我国众筹模式分为股权、借贷、募捐和奖励众筹，考虑到目前法律风险不明朗，实践中可以先从法律风险最小的奖励模式入手操作，通过不断实践来把控风险。

法学层面上，在法律的框架内可以从三个方面推动众筹的发展：转换募集对象的身份，利用合伙企业的方式，保持契约方式。目前我国对众筹这个模式的监管尚不完善，并且国内外的法律存在较大差异，所以不能简单地将外国的商业模式移植到本国，应对法律进行多角度、全方位的解读，充分利用国内法律政策。

②风险提示和信息披露

作为众筹平台，有义务在网站上向投资者详细介绍项目的运作流程，特别是在显要位置向投资者提示可能存在的法律风险、信用风险和道德风险，明确各方的法律责任和义务及可能发生争议时的处理方式。

③第三方支付平台资金管理及分期打款

筹款、扣除管理费、向项目发起者划款等这些活动都涉及资金的流动，对资金安全、有序地管理既是众筹平台应尽的义务，也是防范其自身法律风险的重要手段。

对于众筹平台来说，最安全的办法莫过于不直接经手资金，而是通过第三方平台独立运作。这种方式能够更好地在项目发起者和出资者之间建立信用平台，同时也从某种程度上保障了出资者的资金安全。

比如，我国的“大家投”众筹平台在2013年9月27日推出一个叫“投付宝”的中间产品，对投资款进行托管。对项目感兴趣的出资者把投资款先打到由兴业银行托管的第三方账户，在公司正式注册验资的时候再拨款进公司。

④积极做好与相关政府部门的沟通工作

尽管众筹作为一种全新的商业模式，在与相关政府部门或监管机构进行沟通时可能存在一定的难度，但积极与主管部门沟通，取得相应的指导或进行项目备案，将大大降低在法律模糊地带摸索的法律风险。

虽然目前对于我国的互联网融资环境在信息真实、出资者保护、中介服务上都与互联网金融发展较快的国家存在着较大差距，但众筹模式依然可以尝试从金融创新的角度入手，允许个案试水。

⑤对民众进行金融普及教育

在中国，除专业人士外，普通大众对金融、对投资理财都欠缺专业的知识和系统的教育。清华大学五道口金融学院常务副院长廖理指出："中国民众普遍缺乏金融普及教育，这也是国内金融非法集资和诈骗案频繁出现的一个非常重要的原因。"

目前中国不仅缺少普惠金融体系，也缺少普惠金融教育。因此，在提供产品信息服务的同时，附加金融教育是十分有必要的，并且会有很大的发展空间。

第二节　众筹风险的法律援助

1. 众筹在中国的法律底线

（1）公司法、证券法与刑法

公司不仅是企业的组织形态，也是筹资的主体。在中国，企业或者个人通过众筹筹资，最怕被打上非法集资的烙印。

理论上，有限责任公司和股份有限公司均完全可以在不被纳入中国《证券法》调整范畴的情况下完成公司的新设或扩股，但首要前提是避开出现《证券法》定义的公开发行证券。所谓公开发行，就是《证券法》第 10 条规定的向特定对象发行证券累计超过 200 人或向不特定对象发行证券，同时要求非公开发行证券不得采用广告、公开诱导和变相公开方式。

此外，还要满足有限责任公司由 50 个以下股东出资设立的限制。在此框架内为符合国内法律的股权众筹，否则可能碰触非法集资。2013 年 5 月，证监会通报了淘宝网部分公司涉嫌擅自发行股票的行为，并被界定为新型的非法证券活动。

（2）构建众筹安全港机制

有学者认为，通过建立安全港机制，可完全理清众筹与非法集资活动的边界。安全港应该包括以下四项核心制度。

①构建会员邀请制度，避免不特定性

互联网平台具有天然的涉众性，容易被界定为非法集资中的向不特定对象公开宣传。最高人民法院关于非法集资的司法解释第一条第二款将“通过媒体、推介会、传单、手机短信等途径向社会公开宣称”作为非法吸收公众存款的四个条件之一。

会员邀请制包括三个步骤：会员注册、会员筛选和会员邀请。核实身份后，再向合法数量的特定合格投资者筹资。

②构建资金第三方托管机制，避免集合资金

具体作法可以参照我国现有的证券基金类投资的第三方资金托管的规定和操作办法。

③构建简易信息披露机制，保护投资人利益

信息披露机制处于证券制度的核心，也应该适用于整个直接投资体系，互联网平台作为信息中介，融资人作为资金使用方，都具有如实披露融资相关信息的义务，以确保投资人在做出投资决策之前有获取真实、准确信息的机会。当然，对互联网融资信息的披露的要求应低于证券市场，否则，高成本将使互联网融资失去存在的价值。但至少应包括融资人真实身份、资金用途、抵押品法律权属或担保人真实身份等基本信息，以确保投资人的合法权益，可称之为简易信息披露机制。

④构建信息安全保障机制，保护合法权益

作为信息的交互平台，众筹融资平台存在大量身份和交易数据，涉及融资人、担保人等各众筹融资参与方。构建信息安全保护机制，目前的主要任务是进一步保护参与个人的隐私和参与企业的商业秘密。

2. 众筹需要哪些法律援助

证券监管的目标通常有三个，即保护投资者、防范系统性风险和促进资本形成。要同时实现这三个相互冲突的目标，在早期有必要以原则导向监管为主，同时建立并坚守基本规则底线。

（1）原则监管与规则监管

原则导向监管和规则导向监管是各国金融监管普遍采用的方式，美国和英国是这两种方式的典型代表。

美国金融服务圆桌会议指出："规则导向的金融监管体系是指在该体系下由一整套金融监管法律和规定来约束即便不是全部也是绝大多数金融行为和实践的各个方面，这一体系的重点关注合规性。原则导向的金融监管体系重点关注既定监管目标的实现，且其目标是为整体金融业务和投资者实现更大的利益。"

原则导向监管尽管存在诸如主观性、不确定性等缺点，但通过2008年金融危机的实践检验来看，相比规则导向监管，原则导向监管方式更适用于对金融创新的监管。

英国金融服务局认为："原则性监管意味着更多依赖于原则并以结果为导向，以高位阶的规则用于实现监管者所要达到的监管目标，并较少地依赖具体的规则。通过修订监管手册以及其他相关文件，持续进行原则和规则间的不断平衡……我们关注作为监管者所希望实现的更清晰的结果，而由金融机构的高管更多地来决定如何实现这一结果。"

因此，原则导向监管就是找准底线，放开空间，即监管几个重大的原则。这些原则必须遵守，此外就是市场行为。原则导向监管有利于规范金融创新，也有利于促进金融创新。如存在需要并且条件成熟，原则可与规则结合，形成具体监管机制，保障金融安全。

显然，在众筹融资的发展过程中，甚至未来的完全证券化过程中，针对如何避免“一管就死，一放就乱”的现象，需要原则监管思路的法律援助。

（2）监管主体地方化

众筹这种互联网直接融资模式形态起源于民间，绝大多数根源于地方，不宜采用类似的对传统金融机构的集中式统一监管模式，监管权限应逐步下放到地方。

目前国内由证监会负责众筹的监管，美国由证券交易委员会负责监管。不同的是，美国各州会制定自己的法律，而中国可能很难有地方的众筹法律。

（3）中国的众筹立法方向

中国证监会已经对股权众筹的模式进行调研，中国版的众筹法也许会出台。结合中国《公司法》、《证券法》的规定，以及中国的实际情况，法案可能会偏保守，比如股东人数不大可能像美国一样大幅度提高上限。

未来众筹一定会更加规范且受到监管。规范和监管可以使我们清楚合法与非法的界限，明确规范众筹与非法众筹的区别，培育良好的众筹市场，这更有利于中国众筹的长期健康发展。

第三节　众筹项目发起人如何保护自己

作为一个众筹项目的发起者，保护自己的最有效的途径就是保持和投资者之间透明、诚实的交流。如果投资者被告知项目开发过程中可能遇到的各种潜在危机和挑战，那么，开发者在未来可能遇到的危机中就有了一定的保障。

众筹项目发起人可以通过以下两个方面来保护自己的利益。

1. 少承诺，多做事

我国的谚语教导我们，要“少承诺，多做事”，众筹项目的发起者应该将其牢牢记在心上。例如，很多众筹平台都要求众筹项目发起者对回报日期有所限定，所以项目发起者应该给这个日期多一些额外的缓冲额度，从而保证在面临不可预期的问题和困难时也能按时完成对回报的承诺。任何无法实现的承诺都有可能被视为欺诈行为。

2. 对发起者个人资产的保护

从商业的本质上来说，任何的奖励众筹都是一项商业活动，在商业活动中对资产的保护是一个商业计划首要考虑的。

在美国，建立一个有限责任公司是设立众筹项目的一个有效方法，这样可以很好地将个人资产和公司资产区分开来。相对于不同的州府，责任有限公司的利益和花费是不同的。但是整体来看，有限责任公司是消费经济型结构的公司，只需要花费有限的精力便可以建立。

在美国俄亥俄州，只需要填写一个表格并交纳125美元的费用，你就可以建立一个有限责任公司了。建立一个有限责任公司还有一个好处，就是在税务处理上比较清晰和容易。

第四节　股权众筹投资人利益保护

股权众筹，指发起公司出让一定比例的股份，它面向普通投资者，投资者通过出资入股公司，获得未来收益。与私募股权投资相比，股权众筹主要通过互联网完成“募资”环节，所以又称其为“私募股权互联网化”。

一般来说，发起股权众筹的流程如下：发起人在众筹平台上发布自己的创业项目，投资人通过平台投资项目并获取股权，最后投资人取得回报。

股权众筹对于投资人的利益保护，主要存在以下几个方面的问题。

1. 信任度的建立

在股权众筹运营过程中，投资人往往选择有限合伙企业模式或股份代持模式进行相应的风险规避。但在众筹平台上，投资人基本互不认识，有限合伙模式中起主导作用的是领投人，股份代持模式中代持人至关重要，数量众多的投资人如何建立对领投人或代持人的信任度很是关键。

2. 投资安全性

众筹平台一般都会承诺在项目众筹失败之后，确保资金返还给投资人，这一承诺是建立在第三方银行托管或者“投付宝”类似产品基础上。但众筹平台一般都不会规定筹资人筹资成功但无法兑现对投资人承诺时，对投资人是否会返还出资。当筹资人筹资成功而却无法兑现对投资人承诺的回报时，既没有对筹资人的惩罚机制，也没有对投资人权益的救济机制，众筹平台对投资人也没有任何退款机制，致使投资人权益极易受到侵害。

3. 知情和监督权

在众筹成功之后，项目进入运营管理阶段。投资人作为项目的股东，了解所投公司的运营状况是其基本权利。虽然行业内规定众筹平台对资金运用有监管的义务，但因参与主体的分散性、空间的广泛性以及众筹平台自身条件的限制，在现实条件下难以完成对整个资金链运作的监管，即使明知筹资人未按承诺用途运用资金，也无法对其进行有效制止和风险防范。

4. 股权的转让或退出

众筹股东的退出主要靠股权回购和股权转让这两种方式进行，如采用股权回购方式，原则上公司自身不能进行回购，最好由公司的创始人或实际控制人进行回购；采用股权转让方式，原则上应当遵循公司法的相关规定。

由于在实践中投资人大多采用有限合伙企业或股份代持模式，投资人如要转让股权或退出，就涉及有限合伙份额的转让和代持份额的转让，因此最好在投资前的有限合伙协议书或股份代持协议中做出明确约定。而对于具体的受让价格，由于公司尚未上市，没有一个合理的定价，也很难有同行业的参考标准，所以建议在出资入股时就在协议里约定清楚，比如在入股协议里约定，发生这种情况时由所有股东给出一个评估价，取其中的平均值作为转让价，或约定以原始的出资价作为转让价。

第六章

众筹，预见未来

众筹未来的发展前景是什么样子的，我们恐怕很难想象。但未来必然属于众筹是大势所趋，据有关专家推测，十年内，众筹在全球将有3000亿美元的市场规模。

第一节　众筹基于平台的新经济跨栏

1. 众筹诞生的经济形态

我们已经知道，众筹起源于美国，在美国中小型企业是经济的中坚力量，小企业贡献了65%的就业和50%的GDP。美国的经济繁荣离不开资本对创业企业的支持，今天我们非常熟悉的脸谱（Facebook）、谷歌，在资本的助推下，成为了行业的巨头。

2008年美国遭遇金融危机之后，信贷紧缩，中小企业融资非常困难，美国只有17%的中小企业融资成功。在中国中小企业融资难更是一个不争的事实，这是由很多因素造成的，比如初创企业的性质、国内利率管制等因素。

在这样的世界经济背景下，互联网金融发展得如火如荼。互联网金融的核心意义是金融资本的优化配置。以互联网为工具，以互联网的开放、平等、分享、协作作为理念和精神，互联网金融主要的优势体现在资源的开放性、成本的集约性、选择市场化、用户行为的价值化。

很多人不明白众筹融资模式和线下传统投融资有什么区别。打个比方，大家都知道淘宝网，淘宝网改变了大家线下购物的习惯，众筹有一天也会把线下投融资的习惯改变到线上。

有人会问，众筹融资有一天会不会取代线下的投融资？对于这个问题，线下的股权投融资和网上众筹就会像购物一样，线上的电商和线下的零售商会长期地并存，在很大程度上也会是一个合作的关系。

下面我们来看一下传统的股权融资模式与股权众筹的优缺点。

和传统投融资比较，股权众筹的投资人最困惑的一个问题就是如何找到好的众筹项目。对于发起人来说，渠道有限是一个更加严重的问题，大部分的创业者通过财务顾问向人们推荐，还有间接的推荐，只是和有限的创业投资公司、投资人接触。

传统股权投融资时间成本非常高，要通过财务顾问和朋友对不同的投资人一一地转述，对于项目方来说，也要和投资人一对一地沟通，每次沟通至少有几个创业投资家。投资家在跟创业者接触的前 5 分钟，很多时候就能快速决定这个企业到底有没有兴趣，不想继续跟踪下去，但出于礼貌，不得不交谈 50 分钟，甚至时间更长。

传统股权投融资隐性成本更高，双方的信息不对称，这是由专业技能的匮乏引起的。对于如何定价，如何跟投资人谈判，如何设计投资条款，如何选择合适的投资人，创业者往往都没有经验，会产生不可弥补的损失。因为信息不对称，可能会被项目方蒙骗而产生损失，对某个行业没有经验的投资人更容易引起这种被蒙骗的风险。

发起众筹的初衷，就是在筹资环节中引入互联网，通过互联网的优势来弥补传统股权投融资的缺陷。这样做出的好处，第一，最大程度打破渠道的限制；第二，降低时间的成本；第三通过弥补专业匮乏，降低隐性的成本。

股权众筹的市场潜力非常巨大，世界银行预测，到 2025 年众筹市场规模在全球会达到 3 千亿美元，在中国会达到 500 亿美元。

2. 股权众筹线上和线下的结合

股权众筹最早起源于中小企业，股权众筹往往与线下众筹结合进行，尤其对创业企业的融资提供支持。互联网是对股权投融资的一次革命，在未来，将会有很多大型企业的融资可以通过互联网的方式来解决，大都能够降低时间成本以及隐性成本和交易成本。

下面我们来看一个线上众筹与线下众筹结合的案例。

2014 年 3 月 14 日，“阳光音基”音乐培训机构首席执行官宋昭阳在朋友圈发布了一条《关于阳光音基崇文门校区一期股东招募通告》，消息称感兴趣者可以 1 股 3 万元，限购 2 股，以最短入股期限 1 年的形式加入“阳光音基”股东大家庭。朋友圈一经发布，许多音乐爱好者及培训机构经营者纷纷转发入股。截至 2014 年 3 月 18 日晚上 12 点，入股人数已达到 30 多人。此次音乐培训机构线下众筹模式顺利启动。

宋昭阳创办的“阳光音基”在北京已有 5 个校区，为什么还要花费每年 46 万元的房租，众筹一个 220 平方米的“超大”校区？

原来，在 2013 年，来自西南地区的某同行有意加盟“阳光音基”，于是坐上火车千里迢迢赶来北京，洽谈考察市场。但当有意加盟者看到宋昭阳位于积水潭不到 30 多平方米的主校区后，寒暄地聊了两句后就折返了。回忆起当时的洽谈情景，宋昭阳从对方的眼睛里看出了不信任。从那时起，宋昭阳便计划筹备一个能拿得出手的“招牌”校区。

然而，当他想到目前校区都是周五晚上到周日从早忙到晚，周一到周五只有零星几个学生，又不得不让校区静候周末的现状时，再开大校区无疑是对培训机构资源的极大浪费。于是擅长资源整合的宋昭阳思考再三，决定采用众筹形式开发新校区。在他看来，筹钱是其次，众筹主要筹的是品牌和人脉。

不把参股人局限在艺术行业内也是宋昭阳的目的所在。此次众筹，来自金融、互联网、医疗、艺术等各界各行业的30多位人士通过宋昭阳的严格筛选成为股东。虽然是音乐培训机构，为了更好地利用资源，吸引人流，宋昭阳计划在周一到周五利用学生上课不集中的时间，在培训机构的音乐厅开展关于金融、健康、教育类的沙龙、讲座，将股东对接，人脉资源共享。如此一来，既有每次两三千元的场租，同时又吸引人流进入培训中心，了解“阳光音基”中适合这类人群的成年钢琴速成课，吸引和储备潜在的客户群体。

区别于网络众筹，实体音乐培训机构众筹最大的优势就是更接地气。股东投入的每一笔资金都可以清楚地知道它的去向及收益情况。对于宋昭阳来说，所有入股人的团结也是需要“经营”的。

两周一次的股东大会，一个月一次的资产负债表、损益表、成本支出表预览是宋昭阳的例行工作。“虽然也许对于入股人来讲，3万元的数目并不算多，但是每个入股人都希望看到自己投入的钱用到了哪里，有怎样的回报。”正是本着这样的心理，宋昭阳首先做到在财务上公开，给股东最大的信任和安全感。同时，他也时常与股东聚会、吃饭，个人人品也是宋昭阳做音乐培训机构的信誉招牌。

有投入也要有收益，为了给入股人最大的利益，每位入股人除了可以拿到当季利润分红的0.5%，而且在入股三年内可享受每季度2500元的免费消费额度，合计30000元，消费范围包括音乐学习、音乐会、场地使用及参加崇文门校区举办的所有活动。股东的子女也可以免费来校区学习音乐。

众筹未来的成功一定是线上和线下的结合。比如线上的众筹平台“新生活”在线下各地准备做路演大厅。如果你的项目没有固定的社群，没有忠诚的粉丝，没有一帮值得信任、靠谱的人，没有线下的路演，特别是股权众筹，只靠网上发布一个信息，人家没有见过面怎么给你钱？

所以，成功的众筹一定是线下众筹和线上众筹的结合，就像“新生活”一样，现场的路演太重要了，这就是为什么十个项目，有的项目大家愿意投，有的项目就没有人愿意投的原因。

第二节　产融众筹：未来中小企业资本的转型出路

要想把自己的市场份额做到最大，通常情况下只能靠规模优势。而规模的背后往往是资金的支持。所以，无论是创业企业还是已经经营多年的中小型企业，要想扩大规模，就需要资金支持，而资金的来源往往就是靠融资，而产融众筹是未来中小企业资本的转型之路。

1. 中小企业发展的资金之惑

许多人害怕贷款，他们宁愿靠自己的自有资金滚雪球式地慢慢发展，也不愿向外界借一分钱。如果行业的变化趋势比较缓慢，这种经营理念不算保守，但如果处于互联网这样的行业里面，这样的经营理念就会给企业带来风险。

实际上，过于保守、完全靠自身资本积累、不敢进行融资的企业在现实中占有很大的比例。通常来说，中小企业在“一次创业”时，由于规模小，多数企业可以自行解决资金投入问题，但“二次创业”则是要转变经济增长方式，实现可持续发展，需要采用新工艺、新技术、新设备，需要大量资金，而完全依靠“一次创业”时所积累的资金，则根本不可能进行“二次创业”，但许多中小企业过于保守，不愿再承担风险，最终逐渐走上衰败的轨迹。

我们从很多企业的上市之路中，都能体会到融资的重要性。企业能不能获得稳定的资金来源和及时融到资金，对经营和发展都非常重要。这也是企业遇到的最大困境，尤其是对于刚起步的创业者。在创业阶段，90%以上的初始资金是由创业者、创业团队或家庭成员提供的。任正非刚创业时的2万多元也是他和其他合伙人一起筹集的。

但是企业在不同的阶段，接受投资的方式也不一样。在创业初期，可能会有朋友亲戚的帮助。随着企业的发展、项目的扩大，需要大规模的商业化时，就需要投资人介入。

融资是企业跨不过去的一道坎。不管是大型企业还是刚起步的创业者，都离不开资金的支持。IT创业更为明显，因为刚开始肯定要“烧钱”提升知名度，这时如果没有强大的资金作为后盾，企业根本就不可能发展下去。

有时，融资也是提升企业竞争力的一种手段。同样做研发的两家公司，一家资金充沛，另一家资金短缺，哪一家更会取得竞争的优势呢？当然是资金充沛的那一家。只有资金充足，才能更利于“玩转”企业，创造更大的利润价值。

2. 改变企业的发展模式

与传统企业的经济发展模式不同，财富时代的企业以资本为核心，以知识为平台，组建全新的商业模式、管理模式和投融模式，企业财富的聚集速度可以是传统企业的几十倍，甚至上百倍！

在知识经济时代，企业的发展存在三种模式：减法经营、加法经营和乘法经营。

减法经营模式是企业固守自己的思维，不管客户需求的变化，没有创新，企业日趋艰难。

加法经营模式是当前绝大多数中小企业所采取的模式，企业的主要精力集中在市场的拓展、产品的研发、质量的提升和财务管理，依靠企业自身的积累慢慢发展。而市场竞争激烈、产品同质化、利润率低下等是这类企业家最为痛苦和烦恼的几大核心问题。

加法经营和减法经营是传统经济发展的常见模式。

乘法经营则是知识经济时代的特征，在乘法经营中，企业家不再局限于自己有多少员工、多少设备，没有围墙的“虚拟经营”是其显著特征，企业家可以借助资本的力量对行业进行整合，力求企业价值最大化和财富增长高速化。产融众筹可以解决产品通路问题、资金问题、销售问题、顾客反馈问题。在某种意义上说，乘法经营，还没开始即注定了成功。

3. 不要小看了产融众筹模式

实体经营就像是步行，而产融众筹模式更像是坐飞机。实体（实物）是躯体，金融是灵魂，产融结合众筹，形神合一。产融众筹思维其实就是“互联网 +”思维 + 平台思维 + 跨界思维 + 圈子思维 + 金融思维 + 数据思维 + 用户思维。产融众筹就是筹客户、筹渠道、筹人才、筹资金、筹粉丝、筹智囊、筹梦想。

产融众筹在未来一定会给我们带来不同的生活改变：

第一，生活方式的改变。

如旅游众筹改变出行方式。不久前，三微众筹集团开启了“旅居众筹”模式，人们可借助其发起或了解一个不为人知但景色与设施绝佳的客栈、酒店等，避开人山人海的“看人式”旅游，真正做决定自己去哪儿的主人。

第二，创业方式的改变。

2015年两会期间，国务院总理李克强号召“大众创业，万众创新”。2015年3月20日，京东金融宣布，京东股权众筹内测上线，并于近期正式上线，京东股权众筹的启动，既可以让股权众筹未来普及普通大众领域，又可以撬动传统的风险投资界，让更多合格的领投人进入股权众筹领域，推动众筹创业。

第三，商业运作方式的改变。

2014年，“峰暴来临”背景演唱会开幕前一个月，汪峰方面通过众筹平台发起该演唱会众筹项目，众筹目标设定仅为3000元。显然汪峰开演唱会的众筹不是为融资而来的，而是以众筹的方式宣传演唱会，吸引媒体关注，增加曝光率，从而达到高效廉价的宣传效果。另一方面，也使粉丝不再局限于购买明星唱片，可以直接投资偶像的演唱会，增强了粉丝的参与感。

第四，运作方式的改变。

传统商业的运作模式为生产—销售—消费—社会。而众筹的出现，令生产、销售、消费、社会融为一体，将整个组织模式用一个词来概括了，那就是“合伙人”，即未来将会面临大合伙人时代，众筹合伙人是介于现今的创业合伙人与商界合伙人中间的一种全新的组织方式，其紧密程度大于目前商界中的一些商会、朋友等关系，同时紧密程度又小于现今的多人合伙创业关系。当100~200人因为某个众筹项目的关系联系到一起时，主流的思维应该是怎么样利用100~200人背后的资源来助推这个项目更好地发展。

众筹，预见未来，重新定义生活！

附录一

疯狂众筹的背后玄机

——说说《风口》众筹出版的那些事

英国杰出的思想家、作家、戏剧家及诗人莎士比亚曾说："多谈些实际，少弄些玄虚。"《风口：把握产业互联网带来的创业转型新机遇》（以下简称：《风口》）一书，从2014年11月23日发起出版众筹，截止2014年12月31日晚上12点，仅40天时间，众筹1万元以上的国内顶尖的企业家、投资大鳄、PE教父和知名媒体人达到315位，并成为《风口》众筹的联合发起人。众筹1万元以下的（188元、588元、1888元、3888元及5888元共计五个层级）各行业精英达到484位。总体来讲，近800人众筹创造了400多万的业绩，从而成为中国图书出版产业互联网化的一个里程碑！

令人更叹为观止的是《风口》众筹仅靠在朋友圈传播，这是中国第一次在移动端平台通过社群推广创造的众筹出版奇迹，显示出基于移动端的社群众筹的巨大能量。看到此，可能朋友会问《风口》的内容是什么？众筹业绩狂飙的奇迹是如何创造的？

1. 踏上产业互联网时代的《风口》

在国内，经过近20年发展，以BAT（百度、阿里巴巴和腾讯）为代表的互联网巨头，在搜索、电商和社交领域，分别建成了自己的商业帝国。在互联网高速发展的20年中，以消费为主线的互联网迅速渗透至人们生活的每个领域，使得消费互联网时代逐渐走向顶峰。

2012年11月，《华尔街日报》报道了美国消费互联网公司风投变化的情况，该文章指出，消费互联网和移动公司的风投，在2012年的前9个月与同期相比下降了42%。下降的最大部分不是在种子轮投资，而是在后续的跟投。2013年中国互联网用户数已达6.18亿人，同比增速下滑至个位数，用户数和用户活跃度进一步提高的空间有限。

一直致力于创建生态型资本社交平台的八八众筹公司，从对种种迹象研究发现，消费互联网增长已趋于稳定，逐步进入成熟平缓增长期，传统产业的互联网化却开始进入了一个高速发展的阶段。

随着虚拟化进程逐渐从个人转向企业，以价值经济为主要商业模式的产业互联网将逐渐兴起。未来相比消费互联网，产业互联网将是传统企业发展的巨大风口。在产业互联网的台风迅猛来袭之际，企业如果无法洞察和掌握产业互联网时代的商业法则，无疑将被时代抛弃。

通过对多个传统产业互联网化的详细、深入研究，八八众筹推出了《风口》这样一个定义时代的作品。在他们看来，以BAT为代表的消费互联网时代达到顶峰之际，以传统企业互联网化为核心的产业互联网时代开始驾临，接下来20年的产业互联网时代，每个行业都可能出现自己的BAT。

在书中，八八众筹提出以移动互联网、大数据和C2B为基础的"价值链、价值网、价值平台、价值生态及价值星系"的商业模式创新、重塑和迭代路径，独家揭秘在产业互联网时代进行创业、转型、升级的关键密码。既有视角独特的案例分析，也有切实简单的作业指导方法，对许多创业者或正在传统市场苦苦鏖战的项目而言，《风口》都是一部具体实用价值的极好工具。

2. 疯狂众筹的起心动念

这时，八八众筹团队看到周鸿祎在京东商城众筹《周鸿祎自述：我的互联网方法论》的161万元众筹纪录。八八众筹认为在移动互联网飞速发展之际，基于移动端的社区众筹一定可以打败基于 PC 端的流量众筹。于是，经过快速、细致的策划，我们在微信圈向周鸿祎的众筹记录发出了挑战。

从 2014 年 11 月 23 日开始，八八众筹发布第一条“喊话周鸿祎：挑战众筹《风口》180 万”微信。当时的挑战目标是 100 天完成 180 万元人民币的众筹金额，突破周鸿祎在京东众筹平台上 100 天众筹 161 万元的图书众筹记录，创造一项全新的纪录！

微信发布后不到 10 天，即 2014 年 12 月 2 日，众筹 1 万及以上成为本书联合发起人的朋友就达到 57 人，参与众筹者大多是国内顶尖的媒体人、投资大鳄、PE 教父和企业家。为何这些大咖都会积极参与《风口》众筹？在这里我不想普及众筹概念，只想解析一下疯狂众筹的动因。

首先，对《风口》的价值从多角度进行了展示。从内容的角度，《风口》以产业互联网化为自己的商业原点，成功与已经形成热词的产业互联网对接，相当于手把手地指导企业进行产业互联网的设计和实施。

从社交的角度，参与众筹《风口》将是一张光鲜的社交名片，也可成为送给客户的独特礼物，有利于扩大自身影响力及人脉圈。因为每个众筹联合发起人，都可得到 188 册个性化定制的《风口》。

从增添魅力的角度，勇于参与《风口》众筹创新实践的，很有可能成为其获得更多资源的敲门砖。因为没有人不欢迎具有创新精神的企业或个人，政府对创新企业有政策支持，合作伙伴希望找到创新型人才做强企业。

从公益的角度，参与《风口》众筹是承担社会责任、爱心回馈的体现。因为每众筹出版一本书，八八众筹将向中国妇女发展基金会

（母亲绿色工程专项基金）捐助1元人民币，用于支持12年扎根荒漠植树造林的“大地母亲”易解放。（注：更多信息请百度“脸上种树”活动）

还有建立社群关系、参与畅销书等角度，一步步让大家深深体会到参与众筹对自己的巨大价值。在市场中许多众筹项目不成功的重要原因之一是项目本身不给力，而《风口》仅从自身价值的挖掘就打动了许多人。

其次，《风口》对众筹者给予超值的回报。本次众筹设计了八个参与等级分别为188元、588元、1888元、3888元、5888元、10000元、38888元及58888元。仅以出资10000元者的回报举例，即可获得：

（1）得到188本《风口》，其中18本书有本书发起人“长官”的亲笔签名；

（2）加入《风口》解析微信群，与本书创作团队拥有15年商业模式策划实战经验的8位专家交流；

（3）一年内自选参加一次产业互联网论坛，与来自6大领域（投资界、企业界、媒体、研究机构、咨询界、策划界）的专家面对面沟通，并可与本书创作团队合影留念；

（4）众筹万人会峰会门票3张（价值3980元/张），在众多被孵化成功的优质项目中有机会选择你偏好的项目投资，获得财富增值的机会；

（5）你将有一次与曾影响和改变中国12大行业、成功辅助30余家公司登陆资本市场的资深策划导师面谈的机会，一对一深度剖析你的项目，解决企业所面临的问题，明确未来发展方向和目标（价值20000元）；

（6）作为国内重大众筹出版传奇《风口》的“联合发起人”，并在书中附上你个人靓照一张，它将在你的人生画卷上增添浓墨重彩的一笔。

怎么样，看罢以上6项回报，是不是足以令许多大咖发出兴奋的尖叫？可能有人会问，提供这么多服务，划得来吗？许多服务若是采用一对一的形式，无疑成本会很高。反之，群体型的服务，提供的价值很高，边际成本却很低，对众筹者而言，却会物超所值。

3. 获得更多关注

八八众筹大约每周会推出一条宣传本次众筹的微信。从2014年11月23日到12月9日晚上23：00，不到20天的时间，众筹1万以上的“联合发起人”整整120人，《风口》全部众筹金额已突破150万，微信上有图有真相，即将打破周鸿袆在100天时间创造的纪录。如何再次寻找扩大本书众筹出版的影响力支点？

八八众筹的重要策略之一就是“名人有染”。八八众筹认为，推广一个新项目最佳手段非“有染”莫属。所谓有染，就是与知名人物、话题、时间、地点等搭上，甚至融为一体，从而成倍提升项目的影响力。（详见八八众筹创始人何坊先生的著作《品牌有染》）

挑战周鸿袆本身就是名人有染策略的巧妙运营，但仅仅挑战周鸿袆显然分量不够。这不是说周先生的影响力不够，而是老是针对一副面孔说事，大家就会厌倦，兴奋度就会衰竭。因此，周鸿袆之后，八八众筹又把目标瞄准雷军。找他很简单，本书名为《风口》，而雷军说过一句话，大意是“台风来了，猪都会飞”。与雷军有染，可谓恰如其分。于是一个《喊话雷军：这个风口，你会错过吗?》的微信水到渠成。

在微信文案中写道：“哪有风口，哪里就有雷军。喊话雷军参与《风口》——如果雷军都参与了，这就是雷军都无法错过的风口；如果雷军没参与，那雷军就错过了《风口》，但无论雷军参与或不参与，风口都在这里!”

有染雷军后,《风口》众筹获得更多关注,距离众筹结束还有 9 天时,八八众筹又发起了众筹倒计时。在微信文案中强调:“不是所有人都能成为这本创世纪畅销书《风口》的参与者,也不是所有人都能和那些牛人在一个微群里的,抓紧时间,一起站在风口上,飞起来!”

值得一提的倒计时最后一天,即 2014 年 12 月 31 日,从早上开始(当时众筹名额 1 万以上者达到 238 人),到晚上 12 点,仅众筹 1 万的“联合发起人”达到 315 人,一天之内飙升 77 位。而众筹 1 万以下的微信群爆满(已达到微信群规定人数的上限 500 人),为了让更多众筹参与者进来,八八众筹呼吁其公司内部的众筹参与者自动退出让位。

这次众筹实践是一个大联合,中国青年天使会、中关村天使投资协会、风口会、星系资本、中青创投、幸福商圈、中国金融服务网、中国电子商务协会、卡联科技、美丽岛视光机构、绿狗网、《商界评论》杂志、《中外管理》杂志、《销售与管理》杂志等 20 余家商界领袖、投资机构、主流媒体等都成为这件传奇事件的创造者!

4. 可以迟到,但不要缺席

由一干《风口》众筹人组建的两个微信群,一个是《风口》联合发起人群(众筹 1 万以上者),一个是《风口》众筹群(众筹 1 万以下者),不仅创造《风口》众筹出版的成功,而且绝对是全世界最活跃、发放红包最大、拥有传奇最多的群。

在众筹的 40 天中,在八八众筹长官带领下,群里统计发放了 40 万元的微信红包。大家在疯狂抢红包的同时,彼此建立了更深层次的情感链接,并逐渐建立起强大的人际关系网。一个大家因为一件共同的事情而加入的微信群,一个每天抢上万块红包抢到手软的群,一个每个人都积极发言回应，每一个人因为《风口》有了亲近感、信任感，有更多话题、更多支持的群，这么热闹而有价值的圈子，可以说是族群模式的完美释放。

2014 年 12 月 17 日，一位黄酒的创始人在《风口》的联合发起人微信群中发起黄酒的众筹，仅用两个小时便众筹销售出 17000 箱黄祖黄酒，超过 10 万瓶黄酒，收款 168.3 万元。

让我们一起记住：这是一个全新的品牌，黄祖！这不是一家卖酒的公司，这是一家互联网公司。这两个小时还令黄祖通过众筹选举出来了个个都是响当当人物的十大梦想合伙人，估值从刚刚注册完成的 500 万元推至 1 亿元。

2015 年 1 月 8 日，服务中国 8000 万营销人员的在线教育艾思艾目（S&M）文化传媒（北京）公司，在两个《风口》微信群发起天使合伙人众筹，每人出资 1 万元，仅用两个小时就众筹到 110 位大咖。

《风口》绝不只是一本书，《风口》群众筹也不仅仅是一个现象，而是一群新时代的弄潮儿，在这个强调共享与协同的产业互联网时代，合力掀开关于这个世界全新的一个篇章。八八众筹的理念之一是：重要人物可以迟到，但不要缺席。

何为重要人物？今天重要人物的标准是参与并创造着重要的事情，影响和改变着人类或行业。在重要事情上，你会发现重要的人可能会迟到，但绝不会缺席。

（八八众筹供稿）

附录二

众筹项目商业计划书模板

众筹项目的成功与否，商业计划书和合同至关重要，在国内众筹法律法规不断完善的今天，玩转众筹要强调的是，不要只为了金融而金融，不要只为了聚人而众筹。众筹商业模式设计一定要考虑 11 个字：顺、赢、聚、增、分、财、税、法、快、准、稳。其中三大风险要可控——财、税、法。当然，所有商业计划书的设计一定要遵循项目的特性、参与人群、市场计划以及管理团队的运营计划分析。本书收录的众筹项目商业计划书模板仅供参考。

众筹项目商业计划书模板

1. 执行摘要

2. 管理团队

（1）团队简介

（2）为何我们会成功

3. 商业模式

（1）远景使命和价值

（2）商业模式的工作原理

（3）价值主张

（4）目标客户群

（5）市场计划

（6）核心资源和关键业务

4. 财务分析

（1）亏盈平衡点

（2）销售预测

（3）资本支出

（4）运营成本

（5）融资要求

5. 外部环境

（1）宏观经济形势

（2）市场分析和关键趋势

（3）竞争对手

（4）我们商业模式的优势

6. 实施路线图

（1）项目

（2）里程碑

（3）路线图

7. 风险分析

（1）限制性因素和障碍

（2）关键成功因素

（3）特定的风险和应对措施

8. 总结

9. 索引

（本商业计划书模板由北京方丁易筹网络科技有限公司提供）